Ralf Bickeböller · Tom meets John

Ralf Bickeböller

Tom meets John

Mit Thomas Wolfe und
Johann Wolfgang Goethe durch Weimar

Impressum

Bibliografische Information der Deutschen Nationalbibliothek: Die Deutsche Nationalbibliothek verzeichnet diese Publikation in der Deutschen Nationalbibliografie; detaillierte bibliografische Daten sind im Internet über dnb.dnb.de abrufbar.

Herstellung und Verlag: BoD – Books on Demand, Norderstedt

ISBN: 9783754312780

Kontakt: ralf-bickeboeller@t-online.de

Inhalt

Der trunkene Bettler

»Und der große Goethe hatte die unausweichliche Wahrheit erkannt, daß die Entwicklung der Menschen nicht geradlinig aufs Ziel losgehe, und hatte die Entwicklung und den Fortschritt der Menschheit mit dem Taumeln eines trunkenen Bettlers zu Pferde verglichen.
Vielleicht war es nicht so wichtig, daß er aufs Pferd gestiegen war und, wenn auch schwankend, *irgendwohin ritt*.«[1]

Ein kurzer Lebensabriss bis 1935

Thomas Clayton Wolfe wird am 3. Oktober 1900 in der Provinzstadt Asheville in North Carolina/USA geboren. Er ist das achte und jüngste Kind aus der Ehe von Julia Elizabeth geborene Westall und dem pennsylvania-deutschen Steinmetz William Oliver Wolfe. Die Mutter betreibt 1904 für sieben Monate während der Weltausstellung in St. Louis eine Pension. Toms Bruder Grover Cleveland Wolfe, geboren am 27. Oktober 1892, stirbt in St. Louis mit zwölf Jahren am 16. November infolge einer Thyphusinfektion. Die Familie Wolfe kehrt zurück nach Asheville.
Von 1905 bis 1912 besucht Thomas die Orange Street Public School in Asheville. Im August 1906 erwirbt seine Mutter ein Haus, das sie unter dem Namen Old Kentucky Home als Pension betreibt. Im Oktober zieht sie mit ihrem jüngsten Kind dauerhaft in ihre Pension um.
Thomas besucht von 1912 bis 1916 die North State Fitting School, einer unter der Leitung des Ehepaars Roberts stehenden Privatschule. Im September 1916 beginnt er ein Studium an der University of North Carolina in Chapel Hill. Im November 1917 erscheint sein erstes Gedicht in der Universitätszeitung. Er arbeitet in den Sommerferien 1918 als Kontrolleur und als Zimmermann.
Am 19. Oktober 1918 stirbt sein Bruder Benjamin Harrison, von allen nur Ben genannt, infolge der Spanischen Grippe.

Auf der Studentenbühne der University of North Carolina spielt Thomas am 14. und am 15. März 1919 die Titelrolle seines Theaterstücks *The Return of Buck Galvin*.

Im Juni 1920 beendet Thomas Wolfe sein Studium in Chapel Hill. Er erhält das Angebot, an der Bingham School, einer Militärakademie in Asheville, zu unterrichten, was er ablehnt. Ab September studiert er an der Harvard University in Cambridge Massachusetts, wo er sich als Student der Englischen Literatur vor allem dem dramaturgischen Fach widmet. Er nimmt an dem von George Pierce Baker 1912 gegründeten Workshop 47 teil, der als Forum für die Aufführung von Theaterstücken aus Bakers Englisch-Klasse dient.

Am 20. Juni 1922 stirbt der Vater infolge einer Prostatakrebserkrankung. Thomas schließt sein Englischstudium mit dem Master of Arts ab. Er bleibt für ein weiteres Jahr Mitglied des Workshops 47. Von 1923 bis 1924 studiert er Theaterwissenschaften an der Harvard University. Wolfe schreibt Dramen, z. B. *Welcome to Our City* oder *Mannerhouse*. Seine Versuche, New Yorker Produzenten für die Stücke zu begeistern schlagen fehl.

1924 wird Wolfe Dozent für Englische Literatur am Washington Square College der New York University, wo er bis 1930 unterrichten wird. Am 25. Oktober 1924 schifft er sich mit der Lancastria zu seiner ersten Europareise ein, die ihn nach England, Frankreich, Italien und die Schweiz führt. Auf der Rückreise in die USA lernt er die sich bereits als Bühnen- und Kostümbildnerin einen Namen gemacht habende Aline Bernstein kennen. Am 15. September 1925 erreichen sie New York.

Noch nicht einmal ein Jahr später schifft sich Thomas Wolfe am 22. Juni 1926 mit der Berengaria zu seiner zweiten Europareise ein, die ihn nach England, Holland, Frankreich und Deutschland führen wird. Im August beginnt er in London mit der Arbeit an *Look Homeward, Angel*, das zunächst den Titel *O Lost* bekommen sollte. Er kehrt zum Neuen Jahr zurück nach New York. Von Juli bis August reist er zum dritten Mal nach Europa, nach Frankreich, Deutschland, Österreich und der Tschechoslowakei. Über Weihnachten hinweg schreibt Thomas Wolfe die große Abschlussszene seines ersten Romans. Im März 1928 beendet er die Arbeit an *Look Homeward, Angel*. »(H)e has worked on it for past 20 month. Sent to publisher Monday before (March 26, 1928). Mentions going to dentist first time here.«[2] Die Suche nach einem Verleger beginnt, das Manuskript wird mehrfach abgelehnt. Im Juli bricht Wolfe zu seiner vierten Europareise auf, die ihn u.a. wieder nach Deutschland bringen wird, nach Köln, Bonn, Wiesbaden, Mainz, Frankfurt/M. und München. Am 22. Oktober sagt der Cheflektor des Verlages Charles Scribner's Sons Maxwell E. Perkins die Veröffentlichung zu. Aus Wien antwortet ihm Wolfe am 17. November. Am 21. Dezember schifft er sich auf der Vulcania nach den Vereinigten Staaten ein.

Der Vertrag für *Angel (O Lost)* wird am 9. Januar 1929 geschlossen. Wolfe erhält einen Vorschuss von $500. Am 18. Oktober erscheint *Look Homeward, Angel* Die Reaktionen auf seinen Roman fallen in Asheville heftig aus.

Im April 1930 erhält Thomas Wolfe ein Guggenheim-Stipendium. Im Mai bricht er zu seiner fünften Europareise auf. Nach dem Erscheinen von *Look Homeward, Angel* in England will Wolfe ganz mit dem Schreiben aufhören. Manche Kritiken äußerten Dinge, die er nie vergessen werde. Das Buch sei »schmutzig, unfair, verzerrt und voller Spott.«[3]

Im März 1931 kehrt Thomas Wolfe auf der Europa zurück in die USA. Er zieht nach Brooklyn, um sich ganz dem Schreiben zu widmen. Er beginnt mit den Arbeiten an *Of Time and the River*, die ihn fast vier Jahre binden und von ihm das Äußerste abverlangen werden.

Über Mythen

Der Mythenschöpfer Thomas Wolfe ist selbst zum Mythos geworden. Zu gerne versteckt man den Schriftsteller hinter der Erzählung von den Millionen Wörtern, den Tausenden von Seiten, der ungeheuren Fülle seiner Geschichten, Figuren, Orte und Zeiten.

Hungrig stürzte er sich in das Leben, alles wollte er bis zur bitteren Neige auskosten, niederschreiben und weiter unersättlich leben. Im West-östlichen Divan schreibt Goethe:

»Trunken müssen wir alle sein! | Jugend ist Trunkenheit ohne Wein; | Trinkt sich das Alter wieder zu Jugend, | So ist es wundervolle Tugend. | Für Sorgen sorgt das liebe Leben, | Und Sorgenbrecher sind die Reben.«[4]

Auf die Trunkenheit kommt es beim taumelnd reitenden Bettler nicht an, auch nicht auf das Pferd, sondern, sich überhaupt auf den Weg gemacht, sich dem Leben voll und ganz ausgesetzt zu haben? Wie so viele junge Menschen fing Thomas an zu schreiben – die eigene Lebensgeschichte wie so viele andere junge Menschen auch. Antrieb war ihm der Wunsch, endlich der Gefangenschaft seiner Herkunft entfliehen zu können. Dazu dienten ihm das Studium der Englischen Literatur und der Theaterwissenschaften, diente ihm das Schreiben, das er mit unerbittlicher biographischer Schärfe rücksichtslos vorantrieb. Der begabte junge Bursche aus der amerikanischen Provinz schuf eine Künstlergestalt nach seinem Bilde. Sein Mythos war die Genialität der Künstlerschaft, die es ihm zuletzt doch erlaubte, hymnisch das Leben der kleinen Leute, den gemeinen Alltag und das Geschick seiner Generation in aller Nähe und doch mythisch überhöht in Worte zu fassen. Lebendig und herzergreifend, dann wieder erstaunlich nüchtern beschrieb er die Welt der kleinen und der großen Städte, der armen und der reichen Leute, der klugen und der dummen, der gebildeten und der einfachen Menschen, alles unter der Idee, einen großen amerikanischen Roman zu schreiben, der ganz Amerika in sich aufnehmen könne. Er reiste als Amerikaner mit Wurzeln in Deutschland nach Europa, dem alten, verbrauchten und ausgelaugten Kontinent, um wahre Kultur zu entdecken. Der amerikanische Künstler allerdings könne nicht von der Kultur Europas leben. Er müsse selbst eine eigene Tradition gegen den amerikanischen Materialismus und gegen das amerikanische Philistertum begründen. Thomas Wolfe sah sich in der Pflicht, nicht mehr und nicht weniger als ein ganzes Universum aus Erzählungen neu zu schaffen, einer neuen großen epischen Schöpfung.

In Goethe erkannte Thomas Wolfe einen Seelenverwandten, nicht zuletzt durch dessen Faust-Mythos. Er identifizierte sich mit dem leidenschaftlichen Forscher und Künstler des ersten Teils der Tragödie und sah den nur praktisch gewordenen planend Tätigen des neuen Jahrhunderts im zweiten Teil. Hatte zum Schluss Mephisto seine Wette gewonnen oder verlor er sie? Wir wissen es nicht, weil die Geschichte immer noch nicht zu Ende erzählt ist und wir weiter an ihr zu erzählen haben. Thomas Wolfe erzählte seinen Faust-Mythos weiter, spürte bei seinen Besuchen in Deutschland, wie das Faustische sich langsam vom Faust-Mythos löste, um eine reale politische Gestalt anzunehmen.

Trunken vor Leben trat Wolfe seine Reisen nach Europa an. Trunken erfuhr er die Gestalten des vor Machtphantasien besoffenen Deutschland, das dem Abgrund im Nirgendwo zuritt. Die Weimarreise ernüchterte ihn und führte ihn zur Erkenntnis, dass es besser ist, machtlos vor Leben trunken im Hier und Jetzt zu sein, statt die Macht reitend sich machtvoll irgendwohin in den Abgrund treiben zu lassen.

Mutmaßungen über die Vorgeschichte einer Reise von Berlin nach Weimar im Mai 1935

Der vierunddreißigjährige Thomas Wolfe kam am siebten Mai 1935 in Berlin an. Er hatte bereits eine lange Reise nicht nur nach Paris und London, sondern auch einen Horrortrip durch die Albträume künstlerischen Selbstzweifels hinter sich gebracht.

Das zweite Buch

Wolfes zweites großes Romanwerk *Of Time and the River* war am achten März in den Vereinigten Staaten erschienen. Vorangegangen waren erhebliche Auseinandersetzungen mit seinem Lektor Maxwell Perkins über die Komposition des Buches und die einzusetzenden künstlerischen Mitteln. Wolfe und Perkins hatten an dem neuen Roman über Monate hinweg bis zur Erschöpfung gearbeitet. Wolfe konnte innerhalb von nur drei Wochen Texte von über fünfundsiebzigtausend Worten zu Papier bringen, um zusätzlich abends von halb neun bis halb elf mit seinem Lektor Perkins den Text satzfertig aufzubereiten – eine wahre Herkulesaufgabe.

Doch jeder kreative Rausch nutzt sich mit der Zeit ab. Der Blick des Lektoren muss auf die Lesbarkeit und vor allem auf den gemutmaßten Publikumsgeschmack gerichtet sein. Da kann ein Roman noch so kunstvoll daherkommen, wenn er keine Leser findet, war die ganze Arbeit verlorene Liebesmühe, es sei denn, der Autor wollte einen Roman ohne Publikum schreiben, was erstens keines Lektoren und zweitens keiner Veröffentlichung bedürfen würde.

Doch Thomas Wolfe wollte immer ein richtiger Schriftsteller werden, ein Profi, der für ein Publikum schreibt, bekannt wird und von den Honoraren zumindest gut leben kann.

Er wusste sehr wohl, was er an seinem Lektor Max Perkins hatte. Inmitten der Arbeit an *Of Time and the River* gab er in einem Brief seiner ewigen Dankbarkeit Ausdruck. Perkins habe ihn aus dem Sumpf herausgezogen. Wolfe wisse nicht, was er ohne Max angefangen hätte. Eine kleine, nur sehr leise unharmonisch klingende Note schloss sich an. Wolfe meinte, wenn das Werk herauskomme, könne Perkins das Buch als sein eigenes Werk beanspruchen. Hatte der Briefschreiber damit den künstlerischen Bankrott des ambitionierten jungen Schriftstellers erklärt?

Die gemeinsame Arbeit wurde zu einer sich gegenseitig auf- und zerreibenden Quälerei. Was nicht dem Plan des Buches entsprach, wurde gestrichen. Für einen Schriftsteller, der sich als Dazutuer verstand – so in einem Brief an Francis Scott Fitzgerald – , musste das Weglassen, das Kürzen, das Streichen ganzer Passagen einen den ganzen Menschen ergreifenden Kränkungsschmerz bereiten. Der Schmerz wurde zur existentiellen Bedrohung, denn Wolfe wusste selbst nur zu gut, dass er eigentlich das Handwerk des professionellen Schriftstellers noch nicht richtig erlernt hatte und möglicherweise nie wirklich erlernen würde.

Der Erfolg seines Erstlings *Look Homeward, Angel* gründete in der kritiklosen Hingabe an das wirkliche Leben. Jede Kleinigkeit könnte wichtig, jedes noch so marginale Ereignis handlungstreibend sein. Das Erstlingswerk ist darum selbst mehr ein Ereignis als ein kunstvoll reifer Roman. Das als Selbstbildnis des werdenden Künstlers gestaltete Prosastück – *Look Homeward, Angel* ist ein sehr ausladendes Exemplar seiner Gattung – mag in seiner überschäumenden Erzählfreude noch angehen und wäre einer literaturgeschichtlichen Fußnote wert, wenn der werdende Künstler nicht die Ambitionen gehabt hätte, tatsächlich ein Künstler und zwar ein wirklicher Schriftsteller zu sein – oder sollte man besser sagen, zu werden? Noch sprach man nur von Begabung. Hatte sich am Erstling die Begabung gezeigt, sollte am zweiten Buch die Könnerschaft sich Bahn brechen. Reichte die Begabung für einen wirklichen Roman, für das zweite Buch? Konnte er sich als professioneller Schriftsteller etablieren?

Manuskriptberge

Die künstlerischen Ambitionen waren hochgespannt. Bernard De-Votos Diktum von 1936, dass Genie nicht genüge, war Thomas Wolfe vollkommen bewusst. Er kannte seine Schwäche zur Weitschweifigkeit, zur exzessiven Nutzung von Adjektiven, zur unendlichen Aufzählung. Aber er fühlte bestimmt, dass er im Vergleich zu allen anderen arrivierten amerikanischen Schriftstellern seiner Zeit in der Lage war, das Amerika des frühen zwanzigsten Jahrhunderts lebendiger, reicher, großzügiger, brutaler, hymnischer, klangreicher, fühlbarer, riechbarer, wirklicher, farbenfroher und liebenswürdiger aus den Buchstabenbergen seiner Manuskripte erstehen zu lassen. Er liebte den ungezügelten Ausdruck und die hymnische Beschwörung. Nichts sollte weggelassen, nichts übersehen werden. Im Verlauf der vierjährigen Arbeit an seinem zweiten, den für seine schriftstellerische Karriere vielleicht wichtigsten Roman, sammelten sich Berge von Manuskriptseiten an. Der junge Schriftsteller meinte halb im Scherz halb im Ernst, dass es ein wunderschöner Gedanke sei, mit siebzig Jahren aus dem Manuskripthaufen viele begrabene Meisterwerke ausbuddeln zu können. Gleichwohl blieb die Arbeit an *Of Time and the River* eine quälende, harte Tätigkeit. Er schrieb täglich drei- bis viertausend Worte. Max Perkins strich ganze Passagen, um aus der Seitenhortung einen ganzen Roman zu machen. Wolfe wusste sehr genau, dass das, was Perkins mit seinem Text tat, unbedingt notwendig war, schließlich sollte das Buch gekauft und gelesen werden. Es zerriss ihm das Herz, wenn wirklich hervorragende Textpassagen dem kürzenden Strich des Rotstifts zum Opfer fielen. Im September 1934 gab Perkins ohne das Wissen Wolfes die letzten Teile des Manuskriptes von *Of Time and the River* in den Druck. Das Buch musste endlich den Händen seines Schöpfers entrissen werden, sollte es wirklich irgendwann erscheinen. Er nutzte die Abwesenheit Wolfes, der sich gerade in Chicago aufhielt und schaffte Fakten. Am 8. März 1935 erschien *Of Time and the River* bei Charles Scribner's Sons.

Flucht nach Europa

Von der panischen Angst getrieben, den hochgestellten Erwartungen der professionellen Literaturkritik und der Leserschaft nicht zu genügen, floh Wolfe dem Ort seiner – befürchteten – größten Schmach.

Die Nachricht des Erscheinens erreichte Wolfe per Telegramm in Paris. Auf der Ile de France war er aus den Vereinigten Staaten über den Atlantik nach Europa gereist. So wie Wolfe von seinen Sorgen und Ängsten durcheinandergeschüttelt wurde, so schüttelte und rüttelte der Ozean das Sechsundvierzigtausendtonnenschiff seiner Passage. Er hatte noch nicht verwunden, dass ihm sein Kind so brutal entrissen worden war. Was hatten »die Schweine«[5] ihm und seinem Buch angetan? Jede Kontrolle und Verfügungsgewalt war verloren, war ihm geraubt worden. Die wirrsten Ängste quälten ihn bis zum Albdruck: wie wohl das New Yorker Publikum und die Geier an Rezensenten sein Werk aufnehmen würden? Er trank viel zu viel, suchte Entspannung, ließ sich vom Alkohol aufputschen. Seine panisch depressive Gemütslage bekam paranoide Züge. Er nahm sein zerfallendes Selbst durchaus wahr, was die Angst, tatsächlich verrückt und ein Fall für die Psychiatrie zu werden, noch schürte. Ihm war, als zerfiele er in sechs Personen, als träten mehrere Gestalten aus seinem Ich. Er litt – nach heutigen Maßstäben – wahrscheinlich nicht unter einer Psychose, wohl jedoch an einem Zustand, den man „Burn Out" nennen würde. Kein Wunder, dass Wolfe während der Atlantiküberfahrt nicht arbeiten konnte, dass es nach seiner Ankunft in Paris genauso weiterging. Das Gedächtnis verließ ihn, ganze Tage verschwanden ohne jede Erinnerung. War er in eine Schlägerei verwickelt worden? Woher hatte er die Schwellung oberhalb der Leiste?

Hätte es ein banaler Leistenbruch sein können, den Wolfe sich unter der heftigen Anstrengung der Schlägerei zugezogen hatte, würde vielleicht ein Arzt erwägen?

Erschöpfung

Die Ursache seiner paranoiden Zustände konnte Wolfe später genau benennen. Fünf lange Jahre hatte er angestrengt gearbeitet. Vor allem das letzte Jahr forderte von ihm alles, hatte mehr gefordert als er zu leisten imstande war.

Dieses verfluchte die Seele aufzehrende zweite Buch … Hätte er nur noch ein halbes Jahr bekommen … nur sechs Monate … alles hätte sich zum Guten gewendet und er hätte der ganzen Welt gezeigt, was für ein zweites Buch er zu schreiben in der Lage wäre …

Die Niederschrift jedes einzelnen Buches war für den Künstler Wolfe eine Angelegenheit der Ehre, eine der ganzen Persönlichkeit und des integren Charakters. All das stand bei jedem neuen Werk auf dem Spiel und er spielte mit einem hohen Einsatz.

Max Perkins teilte seinem Schützling Wolfe telegraphisch mit, dass die Besprechungen von *Of Time and the River* in der Presse sehr positiv ausgefallen waren. Es sei wahrhaftig ein Meisterwerk. Der Künstler Wolfe werde mit den denkbar größten Schriftstellern Amerikas in einem Atemzug genannt. Was hätte er sich anderes wünschen können? Trotz des offensichtlichen Erfolges blieb er skeptisch. Vor allem die wirtschaftliche Seite des gut anlaufenden Verkaufs stimmte ihn positiv. Nun konnte er den erhaltenen Vorschuss von zweitausendfünfzig Dollar seinem Verlag zurückzahlen. Er freute sich, endlich Geld mit seiner Schriftstellerei verdienen zu können.

Selbstzweifel

Aber der Stachel des künstlerischen Ungenügens blieb im Fleische stecken. Was, wenn er ein Bestsellerautor werden würde? Müsste er sich fragen, was an dem Buch verkehrt sei, weil es ein Bestseller geworden war? Ob er zu populär und oberflächlich geschrieben habe? Dieselben Anwandlungen überfielen Wolfe erneut in London, wohin er nach seinem Parisaufenthalt weiterreiste. Dort lernte er den Schriftsteller Hugh Walporte kennen. Als bekannter vielgekaufter Autor war er für seinen Verlag und die eigene Schatulle

»ein gutes Rennpferd«[6]. Wolfe widerstrebte, wie Walporte sich ganz dem Erfolg und dem bequemen Leben verschrieben hatte. Walporte residierte in einer großen Wohnung, hatte Dienstboten und umgab sich mit wertvoller Kunst. Er sei jedoch zur Hingabe an das Werk, zum Opfer, zur Anstrengung und zum Wagnis nicht mehr bereit. Der Schriftsteller hatte den Künstler verloren. Walporte lebte in der Rolle des erfolgreichen Autors populärer Romane. Die Schriftstellerei sei ein notwendiges Übel, um ein gesellschaftlich adäquates Leben führen zu können, nicht mehr und nicht weniger.

Wolfe fühlte sich erschöpft, müde und verbraucht. Vor sechs Jahren war er noch ein stattlicher Kerl gewesen. Die Arbeit der letzten Jahre ließen ihn fett und schwerfällig werden. Für eine Abendgesellschaft in London musste er sich nach längerer Zeit wieder einmal in einen Abendanzug zwängen. Er fürchtete um die Stabilität der Nähte, wenn er tiefer einatmen müsse als gerade notwendig. Als nicht uneitler Mensch beschloss er, etwas gegen die Verfettung zu unternehmen.

Gescheitert

Aber er klagte weiter, sah sich in einer langen Reihe von amerikanischen Schriftstellern, die mit vierzig gescheitert und verbraucht seien. Etwas laufe falsch in Amerika. Es verbrenne seine besten Talente, sei dem Todestrieb ergeben und habe eine perverse Lust an der Zerstörung. Er, Thomas Wolfe, hatte sich jedenfalls bemüht, seinem Land Ehre widerfahren zu lassen, etwas zu leisten, für das amerikanische Volk Schönes zu schaffen. Was aber machte Amerika aus seinem Sohn? Eine lächerliche degenerativ verfettete Figur!

Als von Amerika abgewiesener Liebhaber träumte er von der Weiterreise nach Russland, wo er an den Feierlichkeiten zum 1. Mai teilnehmen wollte. Er schwadronierte über die Planung eines dreibändigen den Erfolg des sowjetischen Kommunismus feiernden Monumentalwerks, wofür er mindestens eine Woche des

Materialsammelns benötige. Zu einem Buch über die Sowjetunion ist es bekanntermaßen nicht gekommen. Aber jenseits der hochfahrenden Pläne und der tiefen Melancholie und trotz der Bekundungen seines Ausgebranntseins begann Wolfe in Paris wieder zu arbeiten. Er trug ein dickes Notizbuch mit sich, in das er alles aufnahm, was ihm in irgendeiner Weise bemerkenswert schien, z. B. kuriose Erlebnisse in billigen Pariser Bistros.

Nach Berlin

Bei seiner Flucht aus Amerika hatte Deutschland als Zielort noch keine Rolle gespielt. Erst während des Aufenthaltes in London realisierte sich die Idee einer Reise nach Berlin.

Vor allem praktische Überlegungen ließen den Entschluss reifen. Die nationalsozialistischen Devisengesetze verboten seinem deutschen Verlag, ihm das aus dem Verkauf der deutschen Übersetzung seines *Look Homeward, Angel* zustehenden Honorars nach Amerika zu überweisen.

Schau heimwärts, Engel war kongenial von Hans Schiebelhuth übersetzt worden und erschien 1932 in Berlin. Der Roman wurde vom deutschen Publikum und der deutschen Presse begeistert aufgenommen.

Weil keine Devisen aus dem Deutschen Reich ausgeführt werden durften, wollte Wolfe sein Honorar selbst in Berlin abholen. Wenn er das ausgehändigte Geld schon nicht mitnehmen konnte, so wollte er es eben gleich vor Ort ausgeben. Dafür setzte er sich mit Heinrich Maria Ledig-Rowohlt in Verbindung. Wolfe fragte zugleich an, ob Ledig-Rowohlt Interesse an den Rechten betreffs seines neuen Werks *Of Time and the River* habe. Ledig-Rowohlt war interessiert und stellte ein gutes Angebot in Aussicht. Auch würde er für die Reisekosten aufkommen. Wolfe hatte taktierend ein wenig mit seinem schlechten Kassenstand kokettiert. Europa nämlich war für einen verarmten Amerikaner ein teures Pflaster. Der Wechselkurs des Dollars stand schlecht. Wolfe nahm die Einladung Ledig-Rowohlts, die eher eine Selbsteinladung des jungen Schriftstellers war, an.

So also erreichte der aus den Vereinigten Staaten geflohene so sehr amerikanische Schriftsteller am siebten Mai neunzehnhundertfünfunddreißig Berlin.

Die Dodds

Dass der berühmte Schriftsteller aus Amerika nach Berlin kommen würde, hatte sich schnell herumgesprochen. Noch am Tag seiner Ankunft wurde ihm zu Ehren ein Empfang in der amerikanischen Botschaft gegeben. Die einladende Gastgeberin war die vierundzwanzigjährige Tochter des amerikanischen Botschafters Martha Dodd. Der erste Eindruck des Schriftstellers auf die junge Frau war der des politisch naiven Amerikaners. Offensichtlich war Martha bei ihrem alles andere als politisch naiven Vater William Edward Dodd in die Schule gegangen.

Er hatte Deutschland als Doktorand der Geschichtswissenschaften an der Universität Leipzig kennengelernt. Nach erfolgreicher Verteidigung seiner Arbeit über Thomas Jefferson wurde er in Thomas Wolfes Geburtsjahr 1900 promoviert.

Dem ausgebildeten Historiker war das Diplomatenamt des Botschafters in Deutschland während der schwierigen Zeit von 1933 bis 1937 nicht in die Wiege gelegt worden. Er hatte nie ein politisches Amt inne, war nie Mitglied einer diplomatischen Mission gewesen. Die Berufung durch Präsident Roosevelt erreichte ihn überraschend in seinem ruhigen und beschaulichen Leben als Universitätsprofessor in Chicago.

Die Studentenzeit hatte sein Bild von Deutschland geprägt, einem Land von freundlichen, großzügigen und herzlichen Menschen, das ihm vor allem neue kulturelle Horizonte eröffnet hatte, das Land der Dichtung von Goethe und Schiller. Jenseits der Sentimentalitäten war ihm die Brutalität und politische Kriminalität des Hitler-Regimes vollkommen bewusst. Martha Dodd ließ sich während der ersten Zeit ihres Aufenthaltes in Deutschland von der allgegenwärtigen Aufbruchsstimmung und der »kindlichen

Lebensfreude«[7] der Deutschen einnehmen. Sie liebäugelte mit den Ideen des Nationalsozialismus, ließ sich gerne von den Erfolgen des „Führers" – der Beseitigung der Arbeitslosigkeit oder dem Autobahnbau – überzeugen. Sie schrieb:»Das Berauschende des neuen Regimes wirkte auf mich wie Wein«.[8]

Nach dem Rausch folgt bekanntlich der Kater. Als junge Frau unternahm sie Ausflüge in die nähere und fernere Umgebung Berlins. Die Widersprüche zum Bild des friedlichen Aufbruchs traten immer deutlicher zutage. In Nürnberg wurde sie Zeugin, wie eine kahlgeschorene Frau mit einem Schild um den Hals hängend»Ich habe mich einem Juden hingegeben«[9] durch die Straßen gejagt und von der Menge verhöhnt wurde. Sie sah die dem Versailler Vertrag entgegenstehende zunehmende Aufrüstung und Militarisierung des Landes, sah die Allgegenwart der „Braunhemden", erfuhr den Druck allgegenwärtiger Bespitzelung, hörte von Verhaftungen, Folter und politischen Morden, was sie aber nicht davon abhielt, mit dem ersten Chef der „Gestapo", der berüchtigten „Geheimen Staatspolizei", Rudolf Diels mehr als nur freundschaftlichen Umgang zu pflegen, obwohl ihr Urteil über diesen Mann eindeutig ausfiel:»Diels war ein machtversessener Opportunist, der jedem Regime gedient hätte.«[10]

Der absolute Wendepunkt in Marthas Beurteilung des Nationalsozialismus waren die Ereignisse um den „Röhm-Putsch" mit seiner „Nacht der langen Messer".

Röhm-Putsch

Der 30. Juni 1934 war ein wunderbarer warmer Sommertag. Martha Dodd traf sich mit einem Freund, um der Hitze der Großstadt zu entfliehen. Sie verbrachten den Tag an einem kleinen See etwas außerhalb Berlins. Sie gaben sich einem Sonnenbad unter heiterstem Himmel hin und genossen den herrlichen Sommertag. Spätnachmittags fuhren die beiden jungen Leute zurück in die Hauptstadt. Kaum, dass sie Berlin erreicht hatten, umschloss sie eine gespenstische Atmosphäre. Auf den Straßen waren kaum mehr Zivilisten zu sehen, kleine Gruppen standen in ängstlicher Gespanntheit beisammen. Polizei beherrschte das Straßenbild. Je näher sie dem Stadtzentrum kamen, desto mehr SS-Männer und Soldaten der Reichswehr mit Maschinengewehren bekamen sie zu Gesicht. Ihnen fiel auf, wie die üblicherweise das Stadtbild prägenden Brauhemden der SA-Truppen verschwunden waren. In der amerikanischen Botschaft angelangt erfuhr Martha Dodd von der Ermordung des ehemaligen Regierungschefs von Schleicher und seiner Frau. In Berlin herrschte das Kriegsrecht. Durch die ganze Nacht hindurch konnte man die Gewehrsalven der Erschießungskommandos im Stadtteil Lichterfelde hören. Mit äußerster Brutalität entledigte sich die Machtclique um Hitler des Stabschefs der SA Ernst Röhm, dem langjährigen Gefolgsmann seit der ersten Stunde der Bewegung, dem Duzfreund Adolf Hitlers. Die gesamte Führungsriege der SA wurde beseitigt. Die einstmalige Prügel- und Mordtruppe Hitlers, ohne die es nie zur Machtergreifung gekommen wäre, war zu stark und ein eigener Staat im Staat geworden. Zugleich erfolgte die zügige Liquidierung von politischen Gegnern. Es gab hunderte von Opfern. Niemand konnte seines Lebens sicher sein.

Sollten sich die Schergen aufgrund einer Namensverwechselung bei ihrer Mordtat geirrten haben, egal, man beseitigte die Leiche und zog weiter. Später wurden die massenhaften Liquidierungen als „Staatsnotwehr" juristisch legitimiert. Auf den Straßen begrüßte man sich mit dem Satz »Lebst du noch?«[11].

Nach der Säuberung des Juni 1934 sollte die Leichtigkeit der vielen Empfänge und gesellschaftlichen Ereignisse innerhalb der diplomatischen Welt Berlins für immer verflogen sein. Den Mitgliedern der NSDAP war verboten, sich mit Ausländern, insbesondere mit Diplomaten zu treffen. Der ausschweifende, verschwenderische und kostspielige Lebensstil des ermordeten homosexuellen Röhm wurde als für einen Nationalsozialisten ungehörig und unwürdig befunden. Nationalsozialisten sollten einen reinen Lebenswandel jenseits aller Korrumpierbarkeit wie die Mitglieder eines strengen asketischen Ordens pflegen.

Jedenfalls waren nun auch die Zeiten eines extravaganten und freien gesellschaftlichen Lebens für die Diplomatentochter beendet. Ein Jahr hatte sie gebraucht, um zu verstehen, was sich tatsächlich in Deutschland abspielte. Alles war im Alltag sichtbar geworden: Militarismus, Antisemitismus, Zensur, Gleichschaltung, Führerkult, brutale Leidenschaft und der allgegenwärtige Terror.

Ankunft in Berlin

Nach etwas weniger als einem Jahr nach dem „Röhm-Putsch" kam Thomas Wolfe in der amerikanischen Botschaft an. Die Gastgeberin des Empfangs zu seinen Ehren musste sich fragen, wen sie problemlos zur Gesellschaft einladen könnte, ohne die jeweilige Person an Leib und Leben zu gefährden. Viele bekanntere Schriftsteller hatten das Land verlassen und die, die geblieben waren, durfte sie nicht diesem hohen Risiko einer Verhaftung aussetzen. Insbesondere demokratisch gesinnte Literaten standen in der Gefahr, von Dunkelmännern observiert, schikaniert oder gar liquidiert zu werden.

Natürlich musste Wolfes deutscher Verleger Ledig-Rowohlt kommen. Um die Runde groß genug zu machen, lud Martha Dodd amerikanische Freunde und Botschaftsangehörige ein. Die Gesellschaft hatte sich schon versammelt. Stimmen schwirrten durch den Raum. Man unterhielt sich angeregt, bis die Tochter des Hauses plötzlich mit dem so sehr erwarteten Gast den Raum betrat. Neben der eher klein und zart wirkenden Martha Dodd stand ein Hüne von Mann mit einer Körpergröße von über einemmeterneunzig. Überreich schwarzgelockt lächelte Wolfe ein wenig verlegen und linkisch die Schar seiner zu seinen Ehren eingeladenen Gäste an. Wolfe wirkte trotz seiner Größe jungenhaften und unbekümmert. Er strahlte eine natürliche Bescheidenheit aus, die allen imponierte und ihn zum Mittelpunkt jeder Gesellschaft machte. Das Eis brach schnell. Man überhäufte ihn mit Komplimenten und Freundlichkeiten. Er war in Berlin angekommen.

In Berlin

Das intellektuell darbende Berlin schien auf einen solchen Mann wie Thomas Wolfe gewartet zu haben. Seine Anwesenheit verlieh dem literarischen Leben einen seit der Machtergreifung 1933 nicht mehr für möglich gehaltenen Glanz.

DER Künstlertreffpunkt Berlins war bis 1933 das Romanische Café auf dem Kurfürstendamm nahe der Kaiser-Wilhelm-Gedächtniskirche. Hier traf sich die literarische Boheme der Weimarer Republik. Man diskutierte, las die aushängenden nationalen und internationalen Zeitungen und durfte, wenn man mal nicht gut bei Kasse war, einen halben Tag lang bei einer Tasse Kaffee sitzen bleiben.

Den ganz armen Figuren, die sich noch nicht einmal eine einzige Tasse Kaffee leisten konnten, servierte der Ober eine leere Tasse, damit es aussehe, als sei etwas bestellt worden, was den Aufenthalt im Café legitimieren half.

Das Café mit seinen freidenkenden Gästen wurde während der Machtergreifung zum Ziel randalierender Nazi-Schlägertruppen. Viele der im Romanischen Café verkehrenden Schriftsteller und Künstler emigrierten Hals über Kopf. Als Künstlertreffpunkt hatte es weitestgehend ausgedient, wurde trotz allem als Café weitergeführt. Aber selbst das brachliegende Romanische Café konnte der bedeutende Schriftsteller aus Amerika neu beleben. Wolfe war die Sensation in der Wüstenei des intellektuellen Lebens der Reichshauptstadt. Natürlich platzierte die Gestapo ihre Spitzel an den kleinen Marmortischen, natürlich wusste ein jeder, dass der Besuch eines derartigen öffentlichen Ortes mehr als nur ein Risiko war. Der große Mann aus Amerika wurde zum Inbegriff des vergangenen Geistes der Freiheit und der Würde des Menschen. Um ihn scharte sich ein großer Kreis von Bewunderern. Die alte Zeit von vor Dreiunddreißig leuchtete wieder auf. Seine Anwesenheit ließ den allgegenwärtigen Terror vergessen, man fühlte sich in seiner Nähe unter seinem Schutz. Thomas Wolfe lernte schnell, welch eine Miene er als großer Schriftsteller aufzusetzen hatte, wenn er groß wie er war beim Eintritt in einen Raum alle Blicke auf sich zog. Endlich erhielt er die Anerkennung, die er meinte, dass sie ihm zustand. Er wurde von einigen Zeitschriften eingeladen, seine Eindrücke über Deutschland in Artikeln niederzuschreiben. Dem kam er gerne nach und enttäuschte niemanden. U.a. schrieb Wolfe einen Artikel in der von 1911 bis 1943 in Berlin als illustrierte Modezeitschrift erscheinenden Die Dame. Mit ihrer Mode propagierte die Zeitschrift ein Bild der Neuen Frau in der Weimarer Republik, das von Fortschritt, Emanzipation und Eleganz geprägt war.

Die modebewusste Frau wollte wie die Marlene Dietrich oder Zara Leander aussehen. Breite ausgepolsterte Schultern, schmale Hüften und enge Taille bestimmten die Silhouette. Der Modeillustrierten lag die Literaturzeitschrift Die losen Blätter bei. Berühmte Künstler und Literaten veröffentlichten hier. Thomas Wolfes Beitrag für Die Dame ging im Krieg verloren.

Geblieben ist eine Portraitfotographie Wolfes, die für Die Dame angefertigt worden war. Das Bild zeigt einen in der Blüte seiner Schaffenskraft befindlichen Mann. Die zur Faust geballte rechte Hand stützt das Kinn. Sehr dunkle Haare liegen wirr. Hoch und weiß ist die Stirn. Die Augen schauen den Betrachter unverwandt und ernst an. Wolfe selbst war mit seinem fotographischen Abbild zufrieden. Er wohnte in zentraler Lage im Hotel am Zoo auf dem Kurfürstendamm nicht weit von der Kaiser-Wilhelm-Gedächtniskirche entfernt. Hier in der Nähe entstand eine der bekanntesten Fotographien von Thomas Wolfe. Das Bild zeigt einen elegant gekleideten selbstbewusst dreinschauenden Mann, wie er gerade in eine Straßenbahn einsteigen will. Im Hintergrund ist die Kaiser-Wilhelm-Gedächtniskirche zu sehen. Der dunkle Mantel liegt lässig über dem linken Arm, in der Hand der Hut und ein weißes Einstecktuch schaut aus der Brusttasche des eleganten Anzugs.

Erfolg

Von den sich zur Paranoia gesteigert habenden Selbstzweifeln und Ängsten auf der Fahrt über den Atlantik war nichts mehr geblieben. Die Anerkennung tat dem noch jungen Schriftsteller gut. Er sonnte sich gerne im Erfolg, der ihm in Berlin im Übermaß zuteilwurde. Sein Hochgefühl kannte keine Grenzen. »Er hörte nichts als die Musik seiner eigenen Persönlichkeit und seiner eigenen Kraft«[12], so Martha Dodd.

Ganz in der Nähe lebte in einer kleinen Dachwohnung sein deutscher Verleger Ledig-Rowohlt. Doch eigentlich war Ledig-Rowohlt gar nicht wirklich Wolfes Verleger. Er hatte Ledig-Rowohlt von dessen Vater, dem Verleger Ernst Rowohlt, als Betreuer an die Seite gestellt bekommen. Wolfe und Ledig-Rowohlt trafen sich mehrfach in der bescheidenen Mansarde, um sich über Gott und die Welt stundenlang bei reichlichem Alkoholgenuss auszutauschen.

Natürlich konnte es in der kleinen Literatenwelt des damaligen Berlin gut vorkommen, dass man sich in einer der Künstlerkneipen unverhofft über den Weg lief: Ledig-Rowohlt saß zusammen mit einigen Freunden in einer kleinen Künstlerkneipe in der Kleiststraße. Vom Hotel am Zoo bis zur Kleiststraße lief Wolfe vielleicht eine viertel Stunde. Er betrat das Lokal, das er mit seiner großen Erscheinung und seiner lauten Stimme sofort beherrschte. In überschwänglicher Freude über den Erfolg seines *Of Time and the River* gab er eine Lokalrunde Wein aus. Um die Sensation gebührend zu feiern, zog die fröhliche Zechschar weiter in Die Taverne, dem Treffpunkt all der für die Auslandspresse arbeitenden Journalisten Berlins. Der Zufall wollte, dass Martha Dodd mit dem amerikanischen Verleger Donald Simon Klopfer am Nachbartisch saß. Ledig-Rowohlt hoffte auf die üblicherweise zu erwartende Höflichkeit, sich doch zu ihnen an den Tisch gesellen zu dürfen. Nur kam es nicht zu dieser Höflichkeitsbekundung. Dodds Begleitung lehnte es kategorisch ab, mit Deutschen an einem Tisch zu sitzen. Für einen Ausländer waren offensichtlich alle Deutschen gleichgeschaltet, alle Nazis ohne jede Unterscheidung. Ledig-Rowohlt konnte nicht verbergen, wie sehr er getroffen war, welchen Schlag er hat einstecken müssen.

Als sie aufbrachen lud Martha Dodd die Feiernden noch zu einem Kaffee in die amerikanische Botschaft ein. Die Zechgesellschaft löste sich erst in der Dämmerung des neuen anbrechenden Tages auf. Wolfe und Ledig-Rowohlt, beide schwer betrunken, erfuhren den Zorn Marthas, die angesichts des Zustands der beiden wütend *Of Time and the River* in die Höhe haltend Wolfe schwere Vorwürfe machte, wie er seine Begabung so leicht im Alkohol ertränken könne. Der riss ihr das dickleibige Buch aus der Hand, um es in rasendem Zorn zu zerfetzen. Als sich der Sturm gelegt hatte, beschloss die kleine Gruppe, im Restaurant Schloss Marquardt zu frühstücken. Übernächtigt und nicht nur trunken vom Erfolg trieb Wolfe seine Späße. Früh am Morgen im Garten der Restauration hüllte er sich in eine Tischdecke und rief fröhlich »I'm Sitting Bull!«[13].

Entscheidung für Weimar

Das süße Leben eines scheinbar unbekümmerten Berlins, das seiner Sehnsucht nach Erfolg, Lob und Berühmtheit so sehr nachgekommen war, trübte seinen Blick auf die politische Wirklichkeit des nationalsozialistisch erwachenden Deutschland.

Alles war wunderbar, herrlich und strahlend. Die Diplomatentochter dagegen hatte ihre Erfahrungen gemacht. Auch Thomas Wolfe sollte seine Erfahrungen mit Nazi-Deutschland machen können. Aus fast pädagogisch zu nennenden Gründen fiel die Wahl auf Weimar. Martha Dodd und zwei weitere Reisegefährten, wahrscheinlich Sicherheitspersonal der amerikanischen Botschaft, nahmen Thomas Wolfe kurzerhand mit in die für den berühmten Deutschen Genius so exemplarische deutsche Kleinstadt.

Der Ort war von der jungen Frau klug gewählt worden. Einerseits stand die kleine Stadt wie keine andere für das „Deutschland der Klassik", für ein Land, das kulturell Herausragendes für die Menschheit geschaffen hatte, das freundlich und großzügig seine Besucher empfing, dessen Geist in der Dichtung von Goethe und Schiller seinen vielleicht höchsten Ausdruck fand. Andererseits herrschte schon in der Frühzeit der nationalsozialistischen Bewegung in Weimar ein nationalistisch völkischer Geist. Der erste nationalsozialistische Minister im Deutschen Reich wurde 1930 in Thüringen vereidigt. 1932 gewannen die Nazis die Thüringer Landtagswahl mit 42,5% der Stimmen. Die Abgeordneten der NSDAP nutzten ihre parlamentarische Mehrheit scham- und rücksichtslos zu Propagandazwecken aus, um die junge Demokratie der Weimarer Republik von innen heraus zu zerstören. Aufgrund der sehr frühen Regierungsbeteiligung spielte Thüringen für die Nazi-Diktatur eine exponierte Vorreiterrolle. Bereits 1926 veranstaltete die NSDAP ihren pompösen Parteitag in Weimar. Seitdem kam der Führer mehrere dutzendmal in die „Stadt der Klassik", die zukünftig zur „Stadt der Neuen Klassik" im Sinne des Nationalsozialismus werden sollte. 1934 wurde der Grundstein für das Goethe-Museum gelegt, dem ersten nationalsozialistischen Museumsbau Deutschlands überhaupt. Dafür tauschten die Nazis sogar den vorgesehenen Architekten zugunsten eines Parteigenossen aus. Hitler spendet 160 000 Reichsmarkt für das Projekt.

Weimar als namensgebender Ort der Weimarer Republik wird für die Wahl als Reiseziel keine Rolle gespielt haben. 1935 gab es die Weimarer Republik nicht mehr. Sie war bereits sechsmal untergegangen: Am 27.03.1930 mit dem Scheitern der Großen Koalition unter Reichskanzler Hermann Müller und der Bildung eines Präsidialkabinetts unter Heinrich Brüning.

Am 30.05.1932 mit dem Sturz Brünings. Es folgte ein „Kabinett der nationalen Konzentration" mit dem Übergang zur reinen Präsidialregierung unter Franz von Papen.

Am 30.01 1933 mit der Vereidigung der Präsidialregierung unter Adolf Hitler.

Am 28.02.1933 nach dem Reichstagsbrand am Vortag mit der Proklamation des „Ausnahmezustandes".

Am 14.07.1933 mit der Verabschiedung des „Gesetzes zur Verhütung erbkranken Nachwuchses", des „Gesetzes über die Einziehung volks- und staatsfeindlichen Vermögens" und des „Gesetzes gegen die Neubildung von Parteien".

Und am 02.08.1934 mit der Vereidigung der Wehrmacht auf den „Führer Adolf Hitler".

So oder so, bei Thomas Wolfes Besuch in Weimar gab es die Weimarer Republik nicht mehr. Ohnehin hatte Weimar als „Stadt der Klassik" bei der Auswahl des Tagungsortes der verfassungsgebenden Nationalversammlung 1919 keine Rolle gespielt. Zum einen lag Weimar geographisch günstig genau auf der Hälfte der Wegstrecke von München nach Berlin. Zum anderen sollte das Parlament in Ruhe fern der Erschütterungen und der Gefährdungen der Reichshauptstadt tagen können.

Die Nationalversammlung wurde den ungefragten Weimarer Bürgern übergestülpt, die dem Trubel in ihrer Stadt sehr skeptisch bis feindlich gegenüber standen. Der Geist der Weimarer Republik schlug in Weimar keine Wurzeln. Die Saat des Faschismus der späten zwanziger und frühen dreißiger Jahre ging dagegen prächtig auf.

Ein kleinstädtisch-bürgerliches, nationalistisch-völkisches Weimar, die Lieblingsstadt des Führers, sollte die vier Reisenden empfangen. Thomas Wolfe würde hier sehen und lernen können, wie es mit dem neuen Deutschland stehe, so die Strategie der Botschaftertochter.

Das Goethehaus in Frankfurt

Vordergründig ging es um eine Kulturreise zu den „Goethestätten" und zur Wartburg.

Eine „Goethegedenkstätte" hatte Thomas Wolfe bereits Anfang September 1928 besucht: das Goethehaus in Frankfurt am Main. Nach einem Spaziergang durch die Straßen der Stadt schreibt er, »daß es eigentlich in ganz Deutschland nur zweierlei Architekturstile« gebe, »Nämlich einerseits den hübschen Albrecht-Dürer-Nürnberg-Stil (…) und andererseits den Kaiser-Wilhelm-Deutschland-über-alles-Stil (…). Diese Bauwerke wirken imponierend reich, mächtig und häßlich – sie scheinen (größtenteils) zwischen 1880 und 1900 entstanden zu sein, zu einer Zeit, als sie die Überzeugung gewannen, daß Deutschland die übrige Welt kolonisieren und mit den Segnungen der einzig wahren Zivilisation beglücken müßte.«[14] In Frankfurt besuchte er zusammen mit dem von ihm so bewunderten und auf ihn so ungeheuren Einfluss gehabt habenden James Joyce das Goethehaus. Nach der Besichtigung meinte Joyce nur: »Ein schönes altes Haus«, darauf Wolfe, »es sei eines der schönsten Häuser, die ich kenne (…) und so etwas könne man heutzutage nicht mehr bauen.«[15]

Wolfe erkundete Frankfurt mit James Joyce im Kopf, nicht mit Goethe. Er trank Apfelwein und aß dazu heiße Frankfurter Würstchen. Bestimmt genoss er die Atmosphäre der für ihre Gemütlichkeit bekannten Frankfurter Apfelweinwirtschaften.

Am Battonplatz landete er in einem riesigen Bierkeller. Blasmusik donnerte durch das Gewölbe, die Luft schwer und rauchig. Man johlte „»Ein Prosit, ein Prosit« der Gemütlichkeit!", schrie »Trink, trink Brüderlein, trink!«[16] Im durchlärmten Dunst hoben feiste Hände schwappende Gläser in den Kellerhimmel. Riesige Fleischberge überlappten die Teller; »die Luft ist erfüllt vom Todesgequietsch der abgestochenen Scheine«![17] In all dem Trubel überfiel den jungen Wolfe die Frage, wie aus diesem brutalen Volk von Biersäufern Goethe habe hervorgehen können … und das in der Goethestadt Frankfurt, die sich so viel auf ihren Sohn einbildete.

Oktoberfest

Wolfe reiste von Frankfurt weiter bis nach München. In der Alten Pinakothek sah er die Meisterwerke von Rubens, Dürer, Poussin, Cranach; in der Neuen Staatsgalerie Manet, Monet, Klimt, Cézanne, Degas und van Gogh. Den »scheußlichen Gemälden der viktorianischen Deutschen«[18] konnte er keinen künstlerischen Wert abgewinnen. Er ging fleißig ins Theater, sah Shaws „Mensch und Übermensch".

Wer im Oktober nach München reist, will selbstverständlich das berühmte Oktoberfest erleben, so auch der junge Thomas Wolfe. Der erste Besuch des Festplatzes enttäuschte ihn sehr, ein Rummelplatz wie auf »Coney Island«[19]. Warum nur feierte man ein besonderes »Jahrmarktsfest zu Ehren des Bieres? (…) Das Oktoberbier ist doppelt so stark wie das gewöhnliche (…) und zwei Wochen lang kommen die Bauern in die Stadt, um dieses Oktoberbier zu trinken.«[20] Die Bauern wirkten wie Kinder auf ihn, kräftig, gesund, nicht angekränkelt von Lektüren! »Die Deutschen bewegten sich (…) mit der ungeheuren Massivität, die ein Wesenszug ihres Daseins zu sein scheint, und nahmen die Bewegung der Menge mit tiefer Genugtuung hin, während sie selbst darin aufgingen und ein Teil des großen Tiers um sie herum wurden.«[21] Die Horde brüllte, die mächtigen Leiber zitterten. Wolfe begriff, »dass nichts auf Erden ihnen widerstehen konnte – dass sie zerschmettern mussten, worauf immer sie trafen.«[22]

Mutmaßungen über eine Reise
nach Weimar im Mai 1935

Auf der Wartburg, Deutschland

23. Mai 1935

Lieber Max,

ich wollte Dir schon früher schreiben, bin aber überhaupt nicht zum Schreiben gekommen - wenigstens nicht in den letzten zwei bis drei Wochen. Ich weiß nicht, wie mein status quo in New York ist, aber in Deutschland werde ich geradezu auf Händen getragen, aber die letzten zwei Wochen waren für mich ein außerordentlicher, wunderbarer, ja märchenhafter Lebensabschnitt, weil ich so etwas noch nie erlebt hatte. Ich bin so froh und dankbar, daß ich es jetzt kennengelernt habe, ich werde es nie vergessen. Man sagt, Lord Byron sei mit vierundzwanzig Jahren eines Morgens als berühmter Mann aufgewacht. Nun, ich kam mit vierunddreißig eines Abends in Berlin an, und am nächsten Morgen stand ich auf und ging zur American Express, und von da an war ich in Berlin - zumindest während der letzten zwei Wochen - ein berühmter Mann. Ich fand Briefe, Telegramme, Telefonanrufe usw. vor, von allen möglichen Leuten, darunter von meinem hiesigen Verleger Rowohlt und von Martha Dodd, *der Tochter des amerikanischen Botschafters. Zwei Wochen lang habe ich mich nur damit beschäftigt, alle möglichen Leute kennenzulernen, auf Gesellschaften zu gehen, Interviews zu geben und mich von der Associated Press fotografieren zu lassen - und in der Botschaft habe ich sozusagen gewohnt. Ich war meist zu den Mahlzeiten dort, und daß ich mein Schlafzimmer anderswo hatte, machte nicht viel aus, weil ich gar keine Zeit zum Schlafen hatte, und da es jetzt in Berlin ohne-hin um drei Uhr morgens hell wird und Miss Dodd, ihr Bruder und ich fast die ganze Nacht durch aufblieben und redeten, habe ich das Schlafen fast verlernt. Schließlich wurde es uns ein bisschen viel, und darum haben Miss Dodd, ich und noch zwei andere gestern Berlin den Rücken gekehrt; wir sind den ganzen wundervoll sonnigen Tag über in südwestlicher Richtung durch dieses herrlich schöne, zauberhafte Land gefahren.*[23]

W eimar ist von Berlin etwas weniger als dreihundert Kilometer entfernt. Heute benötigt man für die Strecke mit dem Auto über die Autobahn A 9 etwa dreieinhalb Stunden. 1935 befand sich die Autobahn noch im Bau. Die Eröffnung erfolgte abschnittsweise ab 1936. Die kleine Reisegruppe wird bei den damaligen Straßenverhältnissen mindestens sieben bis acht Stunden eingeplant haben müssen. Wahrscheinlich nutzten sie einen Ford mit Diplomatenkennzeichen. Auf welcher Reiseroute sie am 22. Mai 1935 von Berlin nach Weimar fuhren ist nicht genau zu rekonstruieren. Vielleicht verließen sie Berlin über die Reichsstraße 1 Richtung Südwest. Der Weg führt über die alte Potsdamer Chaussee vorbei am Wannsee nach Potsdam. Die Straße ist von stattlichen Alleenbäumen und herrschaftlichen Villen gesäumt. In einer dieser Villen sollte am 20. Januar 1942 die berüchtigte Wannseekonferenz zur Organisation des Holocaust stattfinden, 1935 noch Zukunft, jedoch bereits unübersehbar für all diejenigen, die sehen wollten. Thomas Wolfe sollte, so der Wunsch der Botschaftertochter, auf der Reise nach Weimar sehen lernen.

Am Maifeiertag 1935 hatte es in Berlin geschneit, überhaupt war der ganze Mai viel zu kalt und nass gewesen. Die Landwirtschaft musste mit den für eine gute Ernte notwendigen Frühjahrsarbeiten warten. Der Knospen- und Fruchtansatz an Bäumen und Sträuchern verharrte noch im Winterschlaf.

Die kleine Reisegruppe könnte Potsdam erreicht haben. Hier fand zwei Jahre zuvor im März 1933 in der Garnisonskirche der von den Nazis inszenierte und schamlos ausgeschlachtete Handschlag zwischen Reichspräsident von Hindenburg und dem neuen Reichskanzler Hitler statt. Der Nationalsozialismus und die alte Ordnung, so die Propaganda, gingen ein Bündnis für das „erwachende" Deutschland ein.

In Potsdam hätten sie auf die Reichsstraße 2 abbiegen können. Die Fahrt geht weiter durch eine sanft hügelige Landschaft mit kleinen Dörfern, großen Ackerflächen, weiten Wiesen und tiefen Wäldern. Wie das Landvolk die Felder bestellte und das Vieh auf den Weiden versorgte, muss ein zutiefst friedfertiges Bild abgegeben haben, so, als wäre es einer Sehnsuchtslandschaft entsprungen.

Auf der Reichsstraße 2 gelangte man zur Lutherstadt Wittenberg. Immer weiter der R 2 folgend hätten unsere Reisenden Leipzig durchqueren können. Da sie noch einiges an Wegstrecke zu überwinden gehabt hätten, hätten sie keine Besichtigungspause einlegen wollen, um Auerbachs Keller, das berühmte Studentenlokal aus Goethes Faust, besuchen zu können. Der spätere Dichter studierte hier von 1765–1768 Rechtswissenschaften.

Wer die Alltagsatmosphäre auf den Straßen von „Klein-Paris"

1935, wie sie Wolfe bei der Durchfahrt möglicherweise erlebt hatte, in einem kleinen Film sehen möchte, der möge im Internet die Adresse www.youtube.com/watch?v=wUNWpwyw5b4 aufrufen. Wir fahren weiter Richtung Zeitz mit dem Schloss Moritzburg, das als Residenz des Herzogtums Sachsen-Zeitz diente. Bei Zeitz mag unsere Reisegruppe auf die Reichsstraße 7 abgebogen sein. Die zauberhafte Bilderbuchlandschaft lädt zum Flanieren auf vier Rädern ein. Man ist nicht in Eile, weite Felder überall.

Man fuhr auf der R 7 durch die alte Universitätsstadt Jena. Noch hätten etwas weniger als vierzig Kilometer vor den vier Reisenden gelegen, wofür man auf der neuen Bundesstraße 7 etwa eine dreiviertel Stunde benötigt.

Thomas Wolfe, Martha Dodd und die zwei anderen Reisegefährten hatten es geschafft.

Bestimmt taten sie das, was Touristen üblicherweise nach einer Tagesreise zu tun pflegen. Vielleicht erstand Wolfe, während er auf seine Begleitung wartete, an der Hotelrezeption die Postkarte mit dem Weimarer Marktplatz als Motiv. Er könnte in der Hotellobby gesessen und die kurze Mitteilung an Max Perkins über seine Ankunft in Weimar geschrieben haben, endend mit »Miss Dodd sends her greetings to you - Tom«[24]. Gab er die Karte beim Rezeptionisten ab? Sie trägt den Poststempel vom 23. Mai 1935.

Wir übernachteten im alten Weimar,[25]

In welchem Hotel Thomas Wolfe in der Altstadt Weimars übernachtete ist nicht überliefert. Eine ganze Reihe kommt in Frage. Vielleicht das Hotel Zum Erbprinz, das strategisch günstig für einen Besuch von Goethes Gartenhaus hinter dem Marktplatz hin zum Park an der Ilm gelegen war? Im Zum Erbprinz hätte Wolfe sich auf den nächsten Tag gut einstimmen können. Herzog Carl August traf hier regelmäßig Goethe, Schiller und Wieland. U.a. zählten Wilhelm von Humboldt, Franz Liszt, Felix Mendelssohn-Bartholdy, Niccolò Paganini, Hector Berlioz und Richard Wagner zu den Gästen des Hauses. Im September 1900 übernachtet Karl May, der mit seinen Abenteuerromanen das Bild des „Wilden Westens" für Generationen von Kindern in Deutschland prägte, im Hotel. Thomas Wolfe würde gut in die illustre Runde gepasst haben. Das Hotel wurde während des Zweiten Weltkrieges zerstört. Die letzten Reste der Ruine wurden 1989/90 abgerissen.

Das Zum Erbprinz war unmittelbarer Nachbar des in der südwestlichen Ecke des Marktplatzes gelegenen Hotels Zum Schwarzen Bären, das 1540 gegründet die älteste Gaststätte Weimars ist. Übernachtete Wolfe hier? Auch das Zum Schwarzen Bären wurde 1945 zerstört. Nach vollständiger Sanierung öffnet es seit 1999 wieder Gästen seine Pforten.

Das Hotel Elephant kam für die kleine Reisegruppe wahrscheinlich nicht infrage. Zwar war und ist das Hotel Elephant das mit Abstand bekannteste Hotel Weimars. Jeder Tourist wird die berühmte Absteige mit Ehrfurcht vom Marktplatz aus betrachten. Was Rang und Namen hat pflegt hier Gast zu sein. Goethe feierte im Elephant seinen achtzigsten Geburtstag.

Am 3. Juli 1926 erschien in der Hotelhalle ein gewisser Adolf Hitler, der sich mit der Berufsbezeichnung Schriftsteller in das Gästebuch eintrug. In den nächsten Jahren stieg er jedes Mal, wenn er sich in Weimar aufhielt, im Elephant ab.

Das Hotel wurde während der Aufenthalte Hitlers zur Parteizentrale der NSDAP, fleißig unterstützt vom Hoteldirektor und Parteigenossen Paul Leutert. Auf dem Marktplatz stehend erhob sich Volkes Stimme: »Lieber Führer komm heraus, aus dem Elephantenhaus!«[26] Im Elephant hätte die Tochter des amerikanischen Botschafters im Deutschen Reich des Mai 1935 nicht übernachten wollen und können. Thomas Wolfe wird von Martha Dodd über das Haus aufgeklärt worden sein, was bei ihm sicher die Ehrfurcht vor den großen Namen angesichts des berühmten

Ortes nicht minderte. Er wird wie wir auf dem Marktplatz gestanden haben. Das Zum Erbprinz lag ganz links, wo heute die Baulücke zu sehen ist. Das linke größte Gebäude ist der Elephant und das Haus rechts daneben mit den ochsenblutfarbenen Fensterrahmen das Zum Schwarzen Bären.

und heute bummelten wir durch die Stadt[27]

Die Gässchen, Straßen und Plätze laden mit ihren vielen Geschäften und Cafés zum Stadtbummel ein. Hier und dort lässt es sich angenehm in der Sonne verweilen. Manche Boutique führt die aktuelle Frühjahrsdamenmode im Schaufenster vor. Man kleidet sich geschmackvoll, durchaus modisch, aber keinesfalls aufdringlich. Die Stadt ist morgens geprägt von den vielen Student*Innen, die hier in ein anregendes Umfeld für Musik, Kunst und Design geraten sind. Erst später überfallen die Tourist*Innen die Gedenkstätten, viele Schulklassen darunter, aber überwiegend ältere Menschen mit bildungsbürgerlichem Habitus wie er von in die Jahre gekommenen Lehrer*Innen und Ärzt*Innen repräsentiert und zelebriert wird, was sicherlich nicht deren schlechteste Eigenschaft ist und zur friedlich gesetzten Stimmung sehr beiträgt.
Thomas Wolfe, Martha Dodd und die zwei weiteren Reisegefährten werden direkt vom Hotel ohne Umwege zum nahe gelegenen Park an der Ilm aufgebrochen sein. Man lief vom Erbprinz zum nahe gelegenen Fürstenhaus, das heute die Hochschule für Musik beherbergt. Auf dem Platz davor findet sich das imposante Reiterstandbild des Großherzogs Carl August.
Wenn die Weimarbesucher*In mit dem Standbild im Rücken nach Norden sieht, fällt ihr Blick auf die Südseite des Stadtschlosses. Von der ursprünglichen Wasserburg ist nur der untere hellere Teil des

Hausmannsturms geblieben. Der dunkle markante Aufsatz mit der Turmuhr stammt aus dem Jahr 1728.

Um zum Park zu gelangen, passiert man die Herzogin Anna Amalia Bibliothek. Wesentliche Bestände gehen auf das Engagement Goethes zurück. Schon zu dessen Zeiten war sie öffentlich zugänglich.

und besichtigten zuerst Goethes Gartenhaus in dem herrlichen, grünen Park,[28]

Die unmittelbar an das Schloss angrenzende Parklandschaft an der Ilm hatte vor seiner Umgestaltung in einen englischen Landschaftsgarten verschiedenste Funktionen. Sie diente den vielen Höflingen, die sich im und am Schloss tummelten, als Lustgarten. Weite Teile wurden als Nutzgärten für den Gemüseanbau bewirtschaftet. Es gab einen großen Bestand an verschiedensten Obstbäumen.

Der barocke Lustgarten war streng geordnet. Die Ordnung des Hauses wurde in die Ordnung der Natur fortgesetzt. Der Garten repräsentierte seinen Besitzer und die gesellschaftliche Hierarchie der feudalen Gesellschaft mit dem von Gott eingesetzten Herrscher an der Spitze. Er wurde exakt geometrisch angelegt, große Blumenbeete beherrschten das Bild. Der barocke Lustgarten denaturierte gewissermaßen die Natur, indem er sie in widernatürliche Formen zurechtstutzte, so wie der Mensch gegen seine Natur in die göttliche Ordnung gezwungen werden musste.

Goethes von der Aufklärung geprägtes Denken glaubte an keinen personalen Gott an der Spitze der Hierarchien. Er bekannte sich zum Pantheismus Spinozas, den Goethe in der Natur wirken sah. Auch der Mensch war als Teil der Natur von dieser beseelt. Der aufgeklärte Absolutismus meinte eine naturrechtliche Staatsordnung zu verfolgen. Der Herrscher fühlte sich nicht mehr als von Gott eingesetzt, sondern als erster Repräsentant des naturrechtlich organisierten Staates.

Im bewussten Kontrast zur französischen Gartenbaukunst des Lustgartens sah sich der englische Landschaftsgarten. In ihm sollte sich dem Auge des Betrachters zeigen, was idealerweise die Natur darzustellen in der Lage ist. In der Gestaltung des Gartens sollten die Prinzipien des Natürlichen ablesbar sein. Es ging also um das Ideal des Natürlichen, nicht um die tatsächlich wirksame Natur. Gegen diese sentimentale Überformung der Landschaft als Staffage wandte sich Goethe. Um die Natur aus der Gartengestaltung heraus begreifen zu können, müsse der Natur ein freier Raum gelassen werden, so wie dem Menschen zum Menschsein seine Kreativität als Freiraum von Natur aus zu belassen ist. Goethe engagierte sich aus Überzeugung an der Neugestaltung des Parks an der Ilm in einen englischen Landschaftsgarten. So wie Stadt und Park organisch ineinander übergehen, gehen Park und Landschaft ineinander über. Alle Trennungen sollten aufgehoben sein, keine Mauer, keine Schranke ausgrenzen. So entstand der Park in weitestgehend der Form, wie er Thomas Wolfe bei seinem Besuch und uns noch heute entgegentritt.

Das Tempelherrenhaus wurde im März 1945 zerstört. Als Ruine erhalten geblieben ist der von Goethe als Anbau vorgeschlagene Turm. Als Wolfe den Park an der Ilm besuchte, diente das Gebäude als Konzertsaal.

Goethes Gartenhaus

Inmitten der lieblichen Parklandschaft wohnte Goethe während seiner frühen Weimarer Zeit. Hierher kam er immer wieder zurück, wenn ihm der Trubel der Stadtwohnung zu groß geworden war. Das Gartenhäuschen wurde ihm 1776 vom Herzog Carl August geschenkt. Ein Jahr zuvor war er nach Weimar gekommen. Thomas Wolfe besuchte das Gartenhäuschen nach dessen vollständiger Renovierung und Restaurierung von 1920. Aus Zukäufen,

Nachbauten und vorhandenem Mobiliar sah er eine zusammenge-
setzte Ausstellung, die möglichst viel von der Alltagsatmosphäre
des hier lebenden Goethe vermittelte und noch heute vermittelt.
Zwar hat es nach 1935 noch einige Umgestaltungen gegeben, die
Faszination des Ortes ist ungebrochen geblieben.
Man betritt den Garten des Gartenhäuschens durch eine weiße
Pforte und steigt einige Steinstufen hinauf, um nach links sich wen-
dend im Schatten der Bäume den eigentlichen Eingang ins Haus an
der Rückfront zu finden. Das Vestibül dient als Kassenräumchen.
Einige Ständer und Regale präsentieren Postkarten, Bücher und
Goethe-Souvenirs. Schon mit vier fünf Personen ist der Raum angefüllt. Hier drängt man sich, um seine Eintrittskarte und seine
Souvenirmitbringsel zu erstehen. Wegen des Platzmangels im Vestibül sitzen die Bediensteten am Empfang sehr geduckt unter der
ins Obergeschoss führenden Treppe. Direkt am Treppenansatz öffnet sich die Tür in das Erdsälchen, das Goethe als Speisezimmer
diente. Der Raum ist schlicht gestaltet. Die zur Erstausstattung zäh-
lenden Stühle zeigen die sich vom Barock abgrenzende Formen-
sprache. Die Gipskopie des Kopfes des Apollo von Belvedere de-
monstriert dieses neue an Johann Joachim Winckelmann geschulte
Kunstverständnis. Der Apollo von Belvedere verkörperte für Goethe das vollendete Kunstwerk. Der Gipskopf steht auf einem für
Goethes Mineraliensammlung speziell angefertigten Schrank.
Auf einem weiteren Sammlungsschrank steht die schwarze Gipsbüste des Laokoon rechts von der Eingangstür zum Erdsälchen.
Mit ein wenig Phantasie lässt sich erahnen, wie hier rund um einen
großen Tisch getafelt und gezecht wurde.
Ein für ein Hauswesen unabdingbarer Funktionsraum ist die Kü-
che. Sie liegt jenseits aller kunsttheoretischen Ideen ganz praktisch
neben dem Erdsälchen. Sie war nach dem damaligen Stand mit den
typischen Utensilien eingerichtet. Auch damals musste gekocht
und der Abwasch erledigt werden. Die von Goethe so sehr geliebte
Schokolade wurde mit Hilfe einer speziellen Kanne hergestellt.
Dazu aß man Zwieback.
Wenn man nun die hölzerne Treppe hinauf in das Obergeschoss

steigt, gelangt man in den Vorsaal. Hier finden sich die Büste der Anna Amalia und die ihres Sohnes des Herzogs Carl August. Das Verhältnis zu seinem Gönner war zwar stets von einer freundschaftlichen Atmosphäre geprägt, so blieb sich Goethe immer bewusst, dass er sich in einer nicht nur wirtschaftlich abhängigen Position befand. In einer aristokratischen Gesellschaft, wie aufgeklärt sie auch immer gewesen sein mag, blieben die Standesunterschiede unüberwindlich bestehen, unabhängig von den Verdiensten des Begönnten und der Sympathie des Gönners.

Man betritt den Salon des Hauses, das Altanzimmer. Ursprünglich gab es eine Tür, die auf den von Stützen getragenen Balkon führte, einem Altan, von dem das Zimmer seinen Namen erhielt. Goethe soll hier gerne im Freien übernachtet haben.

Unter dem Fenster findet sich eine kleine Bank, davor ein runder Tisch mit zwei Stühlen. Unter dem Goetheportrait steht ein Klavier mit ausziehbarer Tastatur. Das von Georg Melchior Kraus 1774 geschaffene Portrait zeigt den jungen Goethe des Sturm und Drang ein leeres Blatt Papier sich vor Augen haltend.

Das gezeigte Goetheportrait ist eine Vorstudie zu Goethe mit einer Silhouette. Das Blatt Papier blieb nicht leer, sondern wurde mit einem gemäß der Lavater'schen Physiognomik edlen Kopf versehen. Der Raum wird von der Gipsbüste Johann Caspar Lavaters beherrscht. Lavater beschäftigte sich mit der Frage, wie aus den Gesichtszügen eines Menschen auf seinen Charakter zu schließen sei. Seine Theorien wurden damals ausführlich diskutiert. Die Mode der Silhouette war von ihm mit angestoßen worden.

Die Büste ist ein Geschenk Lavaters an Goethe, was damals eine durchaus übliche Gewohnheit unter bürgerlichen Freunden war.

Man betritt nun das Arbeitszimmer, ähnlich schlicht eingerichtet wie der Rest des Hauses. Dabei muss die Besucher*In sich stets im Klaren bleiben, dass der Originalzustand ein anderer war.

*die Zimmer, in denen er gelebt und gearbeitet hat,
den Sitz, auf dem er beim Schreiben gesessen hat,
sein hohes, altes Schreibpult und viele andere
Dinge, die er benutzt und mit denen er gelebt hat,
und sein Leben und Schaffen wurden zu etwas ganz
Nahem und Wirklichem.*[29]

Das Schreibpult mit dem berühmten Sitzbock beherrscht den
Raum. Dass an den Schreibmöbeln ein wirklicher Mensch gearbeitet hat, ist eindrücklich an den intensiven Nutzungsspuren zu sehen. Hier entstand der Entwurf von Wilhelm Meisters Lehrjahre.
Für Thomas Wolfe muss der Raum eine ganz besondere Bedeutung
gehabt haben, schließlich stellte er aus dem Wilhelm Meister Mignons Italienlied in deutscher Sprache und in gesamter Länge seinem Roman *Of Time and the River*, der ihm solche unerträglichen
Mühen bereitet hatte, voran.
Das Schreibpult ist ein durchaus gewöhnliches Möbel, ganz anders
dagegen der Sitzbock, der auch als „Reiter" oder „Esel" bezeichnet
wird. Er bot dem überwiegend im Stehen Schreibenden eine Ausruhgelegenheit, die dem Stehen ähnlich blieb und den Arbeitsgewohnheiten Goethes entgegenkam. Der mit einer lebhaften Vorstellungskraft begnadete Wolfe wird den hier schreibenden Goethe
gesehen haben, wohl eher den jugendlich schlanken des Werther
als den der späteren Jahre.
Wie Schreibpult und Sitzbock nahe dem Fenster in der Zimmerecke
stehen, wirken sie leicht, fast zu leicht für eine Person der Statur
Goethes. Madame de Staël beschrieb Goethe bei ihrem Weimaraufenthalt als einen fetten Mann.
Schräg gegenüber der Arbeitsecke findet sich am Durchgang zur

Bibliothek auf einem Sammlungsschrank die Büste Friedrich Jakobis. Der zu seiner Zeit bekannte Philosoph und Kaufmann Jakobi freundete sich mit Goethe an, der die Freundschaft jedoch auf eine zu harte Probe stellte, indem er ein Werk Jakobis öffentlich parodierte und ins Lächerliche zog. Wohl waren ihre Grundkonzeptionen zu verschieden, als dass der Freundschaft hätte Dauer verliehen werden können. Die Philosophie Jakobis wird Goethe zu naiv sensualistisch, zu wenig rational und zu intuitiv gewesen sein. Ob sie es tatsächlich war, steht auf einem anderen Blatt.

An der Wand neben dem Sammlungsschrank hängt ein Barometer. Goethe betrieb naturkundliche Studien, für die er sich die notwendigen Kenntnisse autodidaktisch aneignete. Zu den Studien gehörte natürlich die Wetterbeobachtung, wozu er u.a. Barometer nutzte. Das im Arbeitszimmer hängende ist ein quecksilbergefülltes Stabbarometer. Bekannt ist das nach Goethe benannte, von ihm jedoch nicht erfundene Goethe-Barometer. Es besteht aus einem dekorativen Glasgefäß mit Bauch und Tülle, das mit einer Flüssigkeit befüllt ist. Je nach Wetterlage sinkt oder steigt der Flüssigkeitsspiegel im Bauch des Glasgefäßes und steigt oder sinkt in der Tülle. Das auch Wetterglas genannte Goethe-Barometer kann in den meisten Souvenirläden Weimars erstanden werden.

Arbeitszimmer und Bibliothek sind mit einem Durchgang verbunden benachbart. Die Bibliothek ist mit einem Bücherregal, einem Schreibtisch und einem speziellen Mappenschrank ausgestattet.

Dem Umzug in das Stadthaus am Frauenplan folgte der größte Teil der Bibliothek. Das hier zu findende Bücherregal ist ein Nachbau eines Vorbildes am Frauenplan.

Rechts daneben hängt eine kleine aquarellierte Bleistiftzeichnung von Goethes Hand Christoph Martin Wieland darstellend.

Wieland kam drei Jahre vor Goethe nach Weimar. Sein Verhältnis zum jungen Goethe war zunächst eher frostig, weil er den Geniekult um den Autoren des Werther ablehnte. Er ist als Erfinder des deutschen Bildungsromans ein bedeutender Schriftsteller der Aufklärung. Miteinander persönlich bekannt geworden pflegten

Wieland und Goethe ein freundschaftliches Verhältnis.
An den Wänden sind mehrere von Goethe angefertigte Zeichnungen zu bewundern: ein Portrait seines Freundes Carl Ludwig von Knebel, von Goethe als »Urfreund« bezeichnet; ein Scherenschnitt Johann Gottfried Herders, dem großen Kultur-Philosophen der Weimarer Klassik; eine Kreidezeichnung der Schauspielerin Corona Schröter und andere. Goethe hat ein Leben lang begeistert gezeichnet. Viele hundert Blätter sind überliefert. Er erhielt zwar Unterricht, ein akademisches Studium absolvierte er aber nicht. Zweifelsfrei erreichte er auch in dieser Kunstform eine gewisse Meisterschaft, bezeichnete sich selbst jedoch nie als Zeichner.
Das die Bibliothek beherrschende Möbelstück ist der Mappenschrank. In ihm bewahrte Goethe seine umfassende Sammlung an Kunstblättern auf, die er für seine Kunstbetrachtungen stets zur Hand haben wollte.
Rechts des Repositoriums ist die bereits erwähnte Rötelzeichnung seines „Urfreundes" zu sehen.
Links des Durchgangs zum Schlafzimmer steht der klassizistische Birnbaumschreibtisch mit einer Zeichnung des Dessauer Steins seines Zeichenlehrers Adam Friedrich Oeser, von dem Goethe in die Winckelmann'sche Kunstauffassung eingeführt worden war.
Der Durchgang rechts führt zum Schlafzimmer. Die von dieser Ansicht nur teilweise zu sehende Presse war ursprünglich zum Plätten von Servietten genutzt worden. Goethe ließ die Originaldeckplatte gegen eine größere austauschen. So diente ihm nun das umgestaltete Haushaltsmöbel als Pflanzenpresse für sein umfangreiches Herbarium und zugleich als höhenverstellbares Pult.
Über der Presse kann man drei Zeichnungen Goethes zum Thema Mond sehen: Der aufgehende Mond am Fluß, Mondsichel über nachtdunklen Bäumen und Leuchtende Nachtwolke über Goethes Gartenhaus. Er beschäftigte sich natürlich nicht nur zeichnerisch mit dem Phänomen Mond, sondern, wie könnte es bei einem Dichter anders sein, auch poetisch.
Das Gedicht An den Mond ist hier im Gartenhaus entstanden.
Die Mondbegeisterung Goethes brach sich aber auch in einer für

einen Dichterfürsten ungewöhnlichen Weise Bahn, indem er in lauen Mondnächten im nahe dem Gartenhäuschen gelegenen Flüsschen Ilm badete.

Der Text des ausgestellten Autographen lautet:

»An den Mond | | Füllest wieder Busch und Tal | Still mit Nebelglanz, | Lösest endlich auch einmal | Meine Seele ganz, | | Breitest über mein Gefild | Lindernd deinen Blick, | Wie des Freundes Auge mild | Über mein Geschick. | | Jeden Nachklang fühlt mein Herz | Froh- und trüber Zeit, | Wandle zwischen Freud und Schmerz | In der Einsamkeit.«[30]

Die über der Presse hängende mit Leuchtende Nachtwolke über Goethes Gartenhaus betitelte Zeichnung zeigt kein Mondphänomen und auch keine leuchtende Wolke im gewöhnlichen Sinne. An interplanetaren Staubwolken reflektiertes Sonnenlicht erzeugt diese schwach leuchtende am Horizont steil in den Himmel ziehende Lichterscheinung wahrhaft kosmischen Ursprungs.

Weniger poetisch als überwiegend praktisch ist das in einem Schlafzimmer nicht fehlen dürfende Bett. Das ursprüngliche Schlafmöbel des Raumes sieht man hier allerdings nicht. Wir haben es mit Goethes Reisebett zu tun, das zusammenklappbar mit auf die vielen Reisen genommen wurde, ein Luxus, den sich nur wohlhabende Menschen haben leisten können. Das Reisen überhaupt war in der Goethezeit eine höchst beschwerliche und nicht ungefährliche Angelegenheit. Es ging langsam voran. Wer auf Reisen ging, musste in Wochen und Monaten rechnen. Um die Hygiene in den Gasthöfen war es nicht gut bestellt. Plagegeister wie Bettwanzen lauerten überall.

In jenen Zeiten gingen Prinzen mit ihren Reisebegleitern auf Kavalierstour. Junge Leute brachen auf ins Sehnsuchtsland Italien – wie Goethe oder Johann Gottfried Seume, dem Lektor Wielands, in sehr unterschiedlichen Weisen – oder weil das Reisen mit vollem Geldbeutel zur Mode geworden war.

Der Handwerksgeselle und der Kaufmann mussten reisen. Goethe reiste viel, weil er seinem Bildungsdrang, seiner Neugierde, seinen Forschungsinteressen, aber auch seinen Pflichten als Staatsbeamter z. B. im Bergbauwesen Folge leistete. Er war sich bewusst, wie privilegiert er in seiner gesellschaftlichen Stellung war, insbesondere beim Reisen.

Im Gedicht Harzreise im Winter ist zu lesen:

»Leicht ists folgen dem Wagen, | Den Fortuna führt, | Wie der gemächliche Troß | Auf gebesserten Wegen | Hinter des Fürsten Einzug. | | Aber abseits wer ists? | Ins Gebüsch verliert sich sein Pfad, | Hinter ihm schlagen | Die Sträucher zusammen, | Das Gras steht wieder auf, | Die Öde verschlingt ihn.«[31]

Der große Reisende Wolfe wird ihm beigepflichtet haben. Beide hatten ihre Erfahrungen mit der Unbehaustheit gemacht.
Wir treten durch den Türrahmen rechts vom Reisebett zurück in den Flur und laufen die Treppe hinunter ins Vestibül.
Wir verlassen das Gartenhäuschen. Nach links gewandt führt ein schnurgerader von Blumenbeeten gesäumter Kiesweg – die Malvenallee – zum Stein des guten Glücks.
Auf einem steinernen Kubus, dem verlässlichen, festen, sicheren Grund, liegt eine Kugel, das Symbol der Seele und der Ganzheit, nicht festruhend, sondern beweglich, schwankend, immer in der Gefahr, vom kubischen Sockel zu stürzen, genau wie die Gunst der in der Harzreise im Winter beschworenen Fortuna.
Goethe konzipierte das Denkmal zusammen mit seinem Zeichenlehrer Oeser. Der Stein des guten Glücks ist eines der ersten abstrakten Kunstwerke Deutschlands überhaupt.
Derweil wir auf dem Kies der Malvenallee zurück zum Gartenhaus gehen, öffnet sich der Blick über den üppig grünen Park an der Ilm, ein wunderbarer Ort zum Verweilen, wären da nicht überall Tourist*Innen wie wir …

Wie stets, wenn man einen Garten übernimmt, ist dieser verwildert, so auch der Goethes. Unverzüglich begann er mit der Neugestaltung. Später wurde er zum Spielplatz für seine Enkel und für Kinder befreundeter Familien, während die Erwachsenen ihre Kaffeerunden zelebrierten. Zu Ostern versteckte der Hausherr gefärbte Eier und Orangen im keimenden Grün, die zu suchen und zu finden für Kinder ein herrliches Vergnügen war und ist.

Einige Stufen im dichten Grün des Hanges hinter dem Haus führen hinauf zu der in die Grottenmauer eingelassenen Inschriftplatte für Charlotte von Stein. Der sehr schwer zu lesende verwitternde Text lautet:

»HIER GEDACHTE EIN LIEBENDER SEINER GELIEBTEN | HEITER SPRACH ER ZU MIR: WERDE MIR ZEUGE DU STEIN. | DOCH ERHEBE DICH NICHT DU HAST NOCH VIELE GESELLEN | IEDEM FELSEN DER FLUR DIE MICH DEN GLYKLICHEN NAEHRT | IEDEM BAUME DES WALDS UM DEN ICH WANDERND MICH SCHLINGE | RUF ICH WEIHEND UND FROH: BLEIBE MIR DENKMAL DES GLYKS | DIR ALLEIN VERLEIH ICH DIE STIMME: WIE UNTER DER MENGE | EINEN DIE MUSE SICH WAEHLT FREUNDLICH DIE LIPPEN IHM KYSST:«[32]

Als Hofdame der Herzogin Anna Amalia heiratete Charlotte von Stein den herzoglichen Stallmeister. Mit der Heirat schied sie aus dem Dienst bei der Herzogin aus, um sich den Verpflichtungen einer gehobenen Haushaltung widmen zu können. Bereits Mutter von sieben Kindern ging sie als große Goetheverehrerin mit dem Dichter eine – platonische! – Liebesbeziehung ein, nachdem sie zunächst äußerst reserviert auf seine Avancen reagiert hatte. Ihr Einfluss auf den noch jungen Goethe kann nicht hoch genug eingeschätzt werden. Sie war ihm Muse und verkörperte für ihn die Idee der schönen Seele.
Nachdem Goethe Christiane Vulpius am 12. Juli 1788 im Park an der Ilm kennengelernt hatte, seine spätere Ehefrau, kühlte sich die

Beziehung deutlich ab, nicht zuletzt, weil die Verbindung am Weimarer Hof nicht den Standesgepflogenheiten entsprach und bei Charlotte von Stein auf Unverständnis stoßen musste.

Ganz in der Nähe findet sich ein schattiges Plätzchen, um einen Moment auszuruhen.

Als Thomas Wolfe das Gelände besuchte, kam ein heftiger Sturm auf, der die kleine Gruppe zu einer Pause zwang. In den Bäumen rauschte es, im Astwerk krachte es. Der Klang des Sturmes ließ die jungen Leute an die Walpurgisnacht denken.

Doch zum Pausieren sind wir den Spuren Thomas Wolfes folgend nicht nach Weimar gekommen. Wir lassen das Gartenhäuschen und den Park hinter uns und kehren zurück in die Stadt.

Dann gingen wir zu dem schönen alten Stadthaus, in dem er später gewohnt hat[33]

Goethes Wohnhaus

Goethes Stadthaus – das Goethehaus – ist ein herrschaftlich großes, leicht geschwungenes Gebäude. Das 1709 erbaute Anwesen ist das berühmteste Gebäude Weimars. Die ersten Jahre in der zu seiner neuen Heimat werdenden Stadt wohnte Goethe im Gartenhaus. Er bezog das Stadthaus 1782 zunächst als Mieter. 1792 verkaufte der Konsistorialrat Paul Johann Friedrich Helmershausen seinen Besitz an den Herzog Carl August, der das Anwesen Goethe schenkte. Bis zu seinem Tod 1832 wohnte er hier fast fünfzig Jahre.

So ganz stimmt die Rechnung jedoch nicht. Von 1789 bis 1792 zog er vor das Frauenthor in das Jägerhaus, nur wenige Meter außerhalb der Stadt und einen Steinwurf vom Haus am Frauenplan entfernt. Zu dem Umzug war ihm von Carl August angeraten worden, weil Christiane Vulpius mit seinem Sohn August schwanger war. Sogleich am ersten Tag der Begegnung mit der dreiundzwanzigjährigen Christiane war es zu einer intimen Liebesbeziehung zwischen den beiden gekommen, die das Paar intensiv, aber heimlich, die folgenden Monate im Gartenhaus lebte. Nach neun Monaten erfährt das bigotte Weimar zufällig, dass Goethe eine Geliebte habe.

Mätressen und Liebschaften waren in der Oberschicht Weimars durchaus erlaubt, aber nur in überaus diskreter Weise. Wurden junge Frauen aus niederen Ständen, Christiane stellte als Putzmacherin Seidenblumen in einer Manufaktur her, schwanger, stürzten sie ab in das soziale Elend. Für uneheliche Schwangerschaften mussten hohe Strafen gezahlt werden, die eine nicht unerhebliche Einnahmequelle für den Hofprediger Johann Gottfried Herder und dessen sittenstrenge Frau waren. Nachdem die Beziehung zu Christiane bekannt geworden war, lebte er mit ihr in wilder Ehe im Haus am Frauenplan. Und dann wurde sie noch schwanger! Was musste der höfische Klatsch den armen Goethe bedauert haben. Die sittlich Schuldige? Natürlich die unehelich geschwängerte Frau. Aber Goethe stand zu Christiane und seinem Kind, ließ sie nicht fallen wie eigentlich üblich in der Weimarer Oberschicht. Das konnte seinem Herzog Carl August nicht gefallen. Aus Gründen der Schicklichkeit musste Goethe mit seiner schwangeren Christiane, mit deren vierzehnjähriger Halbschwester und einer Tante in das vor der Stadt noch immer in greifbarer Nähe liegende Jägerhaus umziehen. Christiane nämlich war Waise und hatte für die Familie zu sorgen, auch für den Bruder Christian August Vulpius, einem noch wenig erfolgreichen Schriftsteller, der später den Abenteuerroman Rinaldo Rinaldini, der Räuberhauptmann schuf, für dessen Unterstützung sie im Park an der Ilm Goethe bei ihrer ersten Begegnung angesprochen hatte. Der Umzug vor die Stadt musste für Goethe durchaus eine Schmach und nicht nur unbequem gewesen sein. Doch den gesellschaftlichen Anwürfen zum Trotz, er fügte sich und stand der Mutter seines Sohnes demonstrativ bei. August erblickte das Licht der Welt am 25.12.1789.

Nachmieter des Hauses am Frauenplan wurde für die drei Jahre der Konditor Schwarz.

Nachdem das Stadthaus am Frauenplan 1792 in Goethes Besitz übergegangen war, begannen die Umbauarbeiten des bis dahin aus vielen kleinen Zimmern und Kammern und Kämmerchen bestehenden Anwesens. Wände wurden eingerissen, Zimmer zusammengelegt, ein repräsentatives zentrales Treppenhaus geschaffen. Seit 1886 zieht das Goethehaus die Besucherscharen magnetisch an. Heute wie damals dient es vielen Menschen als die Materialisierung der Weimarer Klassik schlechthin. Der großzügige moderne Eingangsbereich mit einladendem Museums-Shop spricht für sich. Der Platz vor dem Goethehaus, der Frauenplan, wird von Tourist*Innen bevölkert. Man lässt es sich hier in einem der vielen Straßencafés gut gehen. Unter der Bombenlast des Februar 1945 wurden viele der historischen Gebäude zerstört, die nun wieder aufgebaut eine vielleicht zu gekünstelte Atmosphäre der Guten alten Goethezeit schaffen.

Dass sein Stadthaus zu einem bildungsbürgerlichen Wallfahrtsort werden sollte, lag nicht in Goethes Absicht. Seit 1885 diente es als säkular-religiöse Weihestätte. Das Goethehaus konnte ideologisch von den jeweils den Zeitgeist bestimmenden Kultureliten ungehemmt ausgeschlachtet und ge- und missbraucht werden. In das Gebäude ließ sich inhaltlich manches hineininterpretieren, was durch den Charme des Authentischen materiell gestützt schien. Der Anspruch auf Authentizität verschleierte die nationalsozialistische Inanspruchnahme der „Weimarer Klassik" auch in den Augen Thomas Wolfes. Gerade mit dem getreulichen Erhalt aller Zeugnisse des grenzenlos neugierigen Geistes Goethes nahmen es die Nazis nicht so genau.

*und wo alle Zeugnisse seines grenzenlos neugieri-
gen, großen Geistes getreulich erhalten sind.*[34]

Spätestens seit der öffentlichen Bücherverbrennung am 10. Mai
1933 hatten die professoralen, studentischen und künstlerischen
Kräfte die Deutungshoheit über die Weimarer Klassik übernommen, die Goethe und vor allem Schiller als von jeher originär nationalsozialistische Dichter und Denker missinterpretierten, vielfach
wider bessern Wissens. Die 1885 in Weimar gegründete Goethe-
Gesellschaft nahm in vorauseilendem Gehorsam ab 1933 keine Juden mehr als Mitglieder auf. Um dem Rauswurf aus der „arisch"
werdenden Gesellschaft zuvor zu kommen, kam es zu einer Aus-
trittswelle vieler ihrer jüdischen Mitglieder.
Der von 1926 bis 1938 der Goethe-Gesellschaft vorstehende Präsident Julius Petersen betrieb als Professor – u.a. an der Yale University und der Universität Frankfurt am Main – eine vehemente Poli-
tik der nationalsozialistischen Gleichschaltung der Literaturwis-
senschaften und der Germanistik.
Das Phänomen Goethe konnte davon natürlich nicht ausgespart
bleiben. Petersens Vizepräsident Hans Wahl, Direktor des Goethe-
Nationalmuseums und des Goethe- und Schiller-Archivs in Weimar, trat als Mitbegründer des völkisch antisemitischen „Kampf-
bund für Deutsche Kultur" besonders mit seinen Bemühungen einer Rehabilitierung der Goethe-Gesellschaft mit ihrem Ruf, ein ver-
judeter Haufen zu sein, hervor. Wahl machte Goethe zu einem
„Arier" und antisemitischen Dichter, machte ihn zu einer nationalen nationalsozialistischen Kultfigur.

Hitler selbst war wie viele andere in den völkisch antisemitisch und nationalistisch eingestellten gesellschaftlichen und politischen Kreisen der Weimarer Republik kein Goethe-Verehrer. Er besuchte einmal 1925 das Goethehaus.

Goethe war den Nazis suspekt, was nicht zuletzt den publizistischen Aktivitäten von Mathilde Friedericke Karoline Ludendorff geschuldet war. Ideologisch ihrem dritten Ehemann, dem Weltkriegsgeneral Erich Ludendorff und Mitputschisten Adolf Hiltlers von 1923 sehr nahe stehend, verbreitete sie ab 1928 die These, dass Goethe seinen Dichterkollegen Schiller vergiftet habe. Schließlich stand die Behauptung von Goethes Jüdischsein im Raum, das sich in dessen Nähe zum Pantheismus des Juden Baruch de Spinoza zeige. Hitler besucht das Schillerhaus dagegen zweimal, 1925 und 1934. Während des Besuches 1934 war er auch nach Weimar gekommen, um seine Spende für den Erweiterungsbau des Goethe-Nationalmuseums publikumswirksam zuzusagen. Dem Freimaurer, Kosmopolit und Freigeist Goethe konnte er trotz dessen nichts abgewinnen. Die Spende für das Goethe-Nationalmuseum sollte als Referenz an das Bildungsbürgertum verstanden werden. Er hinterließ auf Schillers Bett Rosen, das Goethehaus besuchte er nicht.

Dessen eingedenk unternahmen die Verantwortlichen der institutionalisierten Goethe-Verehrung alles, um sich dem Führer anzudienen. Überhaupt war Hitlers Weimar nicht die Stadt der Klassiker. Er besuchte mehrfach das Nietzsche-Archiv, über das Elisabeth Förster-Nietzsche nicht unbedingt im Geiste ihres Bruders Friedrich Nietzsche herrschte.

Martha Dodds Entscheidung, mit Thomas Wolfe eine Goethereise nach Weimar zu machen, stand wahrscheinlich auch unter diesen kulturpolitischen Vorzeichen. Die Umstände ließen es der Botschaftertochter politisch nicht opportun erscheinen, andere Stätten als die Goethe'schen zu besuchen. Vermutlich wurden das Schillerhaus und das Nietzsche-Archiv bewusst ausgelassen. Dabei war Martha Dodd von Friedrich Nietzsches Antichrist in der Übersetzung von Henry Louis Mencken außerordentlich beeindruckt worden. Die Goethe-Umdeutungsbemühungen der Nazis fielen der jungen Frau im Goethehaus auf: »Die Atmosphäre hier war muffig; man konnte innerhalb der Mauern dieses Orts spüren, daß Goethes Seele geschrumpft war.«[35]

Über drei Treppen mit jeweils elf Stufen nähert sich die Besucher*In den Räumen des Dichters. Goethe übernahm gleich zu Beginn der Umbauarbeiten 1792 die architektonische Gestaltung des neuen Treppenhauses, das in seiner Anlage großzügig und strahlend hell sein sollte. Gipskopien antiker Plastiken schmücken den Aufgang. So ist in der Wandnische oberhalb der linken Tür der Apollo von Belvedere zu sehen, der uns bereits im Gartenhaus begegnet ist. Rechts findet sich die Büste des Ares Borghese, die Kopie einer römischen Marmorstatue aus dem 1. oder 2. Jahrhundert unserer Zeitrechnung. Seine Geliebte Aphrodite schenkte ihm den Helm und einen Knöchelring.

Wir steigen die nächsten Stufen hinauf. Unser Blick fällt auf das 1792 von Johann Heinrich Meyer gestaltete Deckengemälde, die mythische Personifikation des Regenbogens Iris darstellend. Wir haben es selbstverständlich mit einer Rekonstruktion – wie das ganze Goethehaus eine Rekonstruktion nach den Zerstörungen des Zweiten Weltkrieges ist – zu tun.

Der Maler Hugo Gugg, frühzeitig entnazifiziertes NSDAP-Mitglied, erhielt den Auftrag letztlich zur Neuschaffung des Iris-Deckengemäldes, was Gugg 1948 umsetzte. Links neben der Eingangstür steht die Gipskopie der Ildefonso-Gruppe. Wen auch immer die beiden Jünglinge darstellen mögen, ihr entspannter Umgang miteinander zeigt sie als die personifizierte Freundschaft und Einmütigkeit.

Über die Schwelle mit dem Gruß „Salve" betritt man durch den Durchgang rechts neben der Ildefonso-Gruppe den Gelben Saal.

Das strahlende Gelb des Gelben Saals wählte Goethe ganz bewusst aus. Er arbeitete während der Ausgestaltung des Raums intensiv an seiner Farbenlehre. Seine Gäste sollten sich sofort wohlfühlen und in eine angenehme Atmosphäre eintauchen. Sie sollten sich behaglich, munter, strebend und aktiv empfinden, wozu die Wirkung der gelben Raumfarbe auf die Psyche der im Raum sich befindenden Menschen ihren wesentlichen Beitrag leisten sollte. Der Gelbe Saal wurde als Vorzimmer genutzt, wo Goethe seine Gäste empfangen konnte, ohne sie gleich in die tiefer im Haus gelegenen Räume einlassen zu müssen.

Im Gelben Saal fanden Empfänge, gesellige Treffen und größere Gesellschaften statt. Bis zu dreißig Personen konnten hier standesgemäß bewirtet werden. Der repräsentativen Funktion des Raumes geschuldet war die kunstreiche Ausstattung. Stiche, Gemälde und die fünf Büsten – fensterseitig der Medusenkopf, die Klytia im Blätterkelch und der Strategenkopf, hin zum Brückenzimmer der Zeus von Otricoli und der Antinoos von Mondragone – verfehlen nicht ihre erhoffte Wirkung auf die Besucher*In. In der Mitte steht ein auszieh- und ausklappbarer Esstisch. Der Besucher sollte beeindruckt werden und die Besucher*Innen sind beeindruckt.

Vom Gelben Saal aus betritt man das Brückenzimmer. Rein funktional betrachtet ist es eine Brücke über den Innenhof vom Vorder- zum Hinterhaus. Der Raum wurde jedoch bald zu einem Präsentationsort für Goethes zahlreiche Plastiken. Wir müssen uns ihn voll- und dichtgestellt vorstellen, eher einem Magazin gleichend als einem Durchgangszimmer. Die Wände sind komplementär blau zum Gelben Saal gestrichen. In der Mitte des Raums ist ein kniender Jünglingstorso zu sehen, der Ilioneus. Die Gipskopie schenkte der Bayernkönig Ludwig I Goethe anlässlich von dessen achtzigstem Geburtstag. In Richtung Gartenzimmer schauend findet sich links vom Durchgang eine Friedrich Schiller- und rechts eine Johann Gottfried Herder-Büste. Auf der Höhe des Jünglingstorsos sieht man auf Sammlungsschränken stehend links die Venus von Arles und rechts einen klassischen weiblichen Kopf. Wenn die Besucher*In das Gartenzimmer im Rücken hat und zum Gelben Saal schaut, fällt ihr links vom Durchgang die Statuette der Kassandra und rechts die des Achill auf.

Wir dürfen uns das Brückenzimmer nicht als Rumpelkammer vorstellen. Es war für den Hausherren eher ein Ort der Erbauung, wo er umgeben von antiken Kunstwerken sich ihrer unmittelbaren Betrachtung hingeben konnte. Mit besonderen Gästen zog er sich für vertrauliche Gespräche hierher zurück.

Als Durchgangszimmer zum Garten sollten Kunst und Natur in Verbindung treten, was die Bemalung der Decke unterstreichen sollte. Um Lilienstiele sich windender Efeu und Wein ziehen vom Sims hinauf zum Fluchtpunkt des Tonnengewölbes.

Wir betreten das Gartenzimmer über vier Treppenstufen. Es diente vornehmlich als Magazin für die vielen Plastiken.

Durch die Glastür gelangt man auf den Balkon und sieht auf den Garten.

Der ochsenblutrote Steinpavillon links diente Goethe vor allem als Magazin für seine umfangreiche Mineralien- und geologische Sammlung. Zur Sammlung gehörten auch Fossilien als Zeugen der Erdgeschichte, so z. B. Stoßzähne eiszeitlicher europäischer Waldelefanten, die in Weimar und im nahen Apolda gefunden worden waren.

Der Hausgarten hatte für die Haushaltung seiner Frau Christiane einen hohen Stellenwert. Sie baute Kartoffeln und Gemüse an, pflegte Obstbäume und Weinspaliere. Selbst Artischocken konnten hier erntereif heranwachsen und den Speiseplan bereichern. Christiane säte und erntete, sie machte Obst und Gemüse ein und kochte aus den Beerenfrüchten Marmeladen. Nichts wurde ihr in ihrer Hauswirtschaft zu viel. Gerne aß das Paar sommers im Garten zu Abend. Johann Wolfgang lobte Christianes Kirschkuchen sehr.

Goethe wäre aber nicht er selbst gewesen, hätte der Hausgarten ihm nicht auch als Schaugarten für seine Experimente zur botanischen Systematik gedient.

Aus dem Gartenzimmer treten wir nach links ein in den ersten der drei im Hinterhaus zum Garten hin gelegenen Räume, die als Erinnerungsort für Christiane von Goethe geb. Vulpius eingerichtet worden sind. Wofür sie ursprünglich dienten ist nicht bekannt. Sie könnten z. B. als Kammern für die Bediensteten genutzt worden sein. Vielleicht war es aber doch ein Rückzugsort für die Hausfrau? Heute bezeichnet man die drei Räume als die Christianezimmer. Sie wurden 1954 eingerichtet. Bei seinem Rundgang 1935 konnte Thomas Wolfe diesen Bereich nicht gesehen haben. Gleichwohl

hätte er sich wahrscheinlich für die Frau an Goethes Seite interessiert, die mit ihrem praktischen Alltagswissen dem Dichter das Werk zu schaffen erlaubte, das uns heute überliefert ist. Für die Goetheforschung existierte Christiane allenfalls als biographische Fußnote in Monographien, die die Forschungsergebnisse eines jahrzehntelangen Gelehrtenlebens über einen einzigen Goethe-Vers der wissenschaftlichen Öffentlichkeit präsentierten. Wenn es um Frauen im Leben Goethes ging, hielt man sich lieber an die etablierten Namen: an seine Mutter Catharina Elisabeth und seine Schwester Cornelia, an das Vorbild der Lotte im Werther Charlotte Buff und an die idealisierte Muse Charlotte von Stein oder auch an die Suleika im West-Östlichen Divan Marianne von Willemer. Für Frau von Stein war der Kontakt zu Christiane nicht standesgemäß und damit zu meiden. Ebenso hielten es Charlotte von Schiller geb. von Lengefeld, Maria Caroline von Herder geb. Pfarrerstochter Flachsland oder auch Bettina von Arnim geb. Großkaufmannstochter Brentano. Frau von Schiller bezeichnete Christiane als »ein rundes Nichts«[36] und Christoph Martin Wieland als »Magd« und als »von Goethesche Haushälterin«[37]. Am 13. April 1811 kam es zu einer als Zickenkrieg bekannt gewordenen Begegnung von Bettina von Arnim und Christiane. Bettina machte sich auf einer Kunstausstellung über den fehlenden Kunstgeschmack Christianes lustig, die kurzerhand ihrer Beleidigerin die Brille von der hochgetragenen Nase schlug. Bettina verbreitet in den hochgestellten Kreisen Weimars, dass sie von einer »toll« gewordenen »Blutwurst«[38] gebissen worden sei. Goethe sprach für die von Arnims ein Hausverbot aus und brach sämtliche Beziehungen zu ihnen ab.
Christiane entsprach nicht den geforderten Konventionen. Sie stammte aus ärmlich einfachen Verhältnissen, war schlicht von schlechter Geburt. Ihr fehlte es am von der Weimarer Oberschicht vorausgesetzten guten Geschmack, an Bildung, Wissen und gutem höfischen Benehmen. Sie taugte zu einem guten Putzlumpen und zum Lustobjekt, das man jederzeit verwerfen konnte, weil es verwerflich war. Ganz den Gepflogenheiten entsprechend nannte auch Goethe Christiane seinen »Küchenschatz«, »Hausschatz« und

»Bettschatz«.[39] Besonders schwierig wurde es im Kontakt mit Kreisen, die nicht nur adelig waren, sondern darüber hinaus noch ihre Intellektualität und Feingeistigkeit pflegten, Kreisen also, in denen Goethe als Ikone eine so große Rolle spielte. Die Geringschätzung blieb in den intellektuellen Goethe-affinen Zirkeln bestehen. Thomas Mann nannte sie »un bel pezzo di carne«[40] –, ein schönes Stück Fleisch – herablassender und menschenverachtender geht es wohl kaum.

Wie in den feinsinnig intellektuellen Kreisen der dreißiger Jahre des 20. Jahrhunderts in Europa gedacht wurde, mögen zwei Zitate aus dem Zweiten Buch 23. Kapitel des Der Mann ohne Eigenschaften von Robert Musil verdeutlichen:

1. »„Und wenn sie also von den Beziehungen spricht, die zwischen Frau von Stein und der anderen bestanden haben, der Vul - - na, wie heißt sie doch: sie hat so einen halb unanständigen Namen?" „Vulpius."«[41]

Und 2. » „… daß die geistig höchststehenden Männer leider nur bei minderwertigen Frauen ihre volle Befriedigung zu finden scheinen, während sie bei seelisch gleichgestellten Frauen versagen, was durch die Frau von Stein und die Vulpius wissenschaftlich bewiesen ist. (Siehst du, jetzt macht mir der Name keine Schwierigkeiten mehr. Aber daß sie die bekannte Sexualpartnerin des alternden Olympiers gewesen ist, habe ich natürlich immer gewußt!)"«[42]

Dass Christiane für Goethe auch – nicht nur! – ein Putzlumpen war, zeigt seine geäußerte Freude über den Gelben Saal – wir haben ihn bereits kennenlernen dürfen –: »Putze mir nur den Saal recht auf denn ich freue mich besonders darauf.«[43]
Was Goethe an Christiane hatte, wurde ihm am 14. oder 15. Oktober 1806 bewusst, als nach der verlorenen Schlacht von Jena und Auerstedt französische Soldaten Weimar plünderten.
Während der angsterstarrte Goethe sich zurückzog und versteckte, verteidigte Christiane das Haus mutig gegen zwei Soldaten, denen

sie den Zutritt – sicherlich nicht nur mit Worten, sondern handgreiflich zupackend – verwehrte. Sicher ist, dass das heutige Goethehaus und das Goethe-Nationalmuseum, wenn es sie überhaupt gäbe, ohne den lebensgefährlichen Einsatz Christianes ganz anders aussehen würden. Goethe heiratete Christiane fünf oder vier Tage später am 19. Oktober 1806. Die Motive, die nach so vielen Jahren der Wilden Ehe zu diesem kurzfristigen, fast kurzschlussartigen Entschluss geführt haben, bleiben Spekulation. Liebe? Gewohnheit? Dankbarkeit? Sentimentalität? Oder doch auch ganz praktische Erwägungen?

In Zeiten des untergehenden Ancien Régimes und angesichts der neuen revolutionären französischen Herren war es ein Vorteil, eine Frau aus dem Volk geheiratet zu haben. Zudem waren verbriefte Ehebanden eine stärkere Verpflichtung als nur die einer Gewissensehe, wenn es um die Verteidigung des Goethe'schen Besitzes in kriegerischen Zeiten ging. Die Stufung von oben und unten blieb nach der Heirat bestehen. Offiziell sprach Christiane Goethe mit »Sie« und »Herr Geheimrat«[44] an. In trauter Zweisamkeit, so sicher auch im ehelichen Bett, pflegte das Paar ein vertrautes Du, das für öffentliche Ohren keinesfalls bestimmt war. Im Haus am Frauenplan durfte sie sich um schmutzige Wäsche, um das Kochen, um den Garten, um all die Tätigkeiten kümmern, die ein großer Haushalt bereithielt. Bei gesellschaftlichen Anlässen oder für Besucher im Stadthaus blieb sie ausgeschlossen, musste sich aber wie eine Magd um das Wohlergehen der Gäste kümmern, ohne je selbst mit am Tisch sitzen zu dürfen. In Briefen an Schiller ließ Goethe immer brav Frau von Schiller grüßen. Schiller ließ in Briefen an Goethe Christiane nie grüßen. Das Leben der beiden Teile des Paars verlief weitestgehend geschieden und in verschiedenen gesellschaftlichen Sphären. Goethe lebte zwar mit Christiane in einem Haus, geteilt haben sie ihr Leben offiziell jedoch nicht, wenngleich sie ihr intimes Leben sehr wohl in Würde zu teilen wussten.

Thomas Mann lässt Adele Schopenhauer im Vierten Kapitel von Lotte in Weimar sagen: »Er hat sich zwar auch nach seiner Heirat des Junggesellendaseins nie entwöhnt und immer große Teile des Jahres, in Jena, Karlsbad, Teplitz, für sich gelebt.«[45] Dem Dichtergenie gestand man zu, »seine belletristischen Inspirationen nun wohl einmal nicht ausschließlich aus seinem Eheleben schöpfen«[46] zu müssen.

Selbst abends, wenn Vater, Mutter und Sohn zuhause waren, blieben die Welten unterschieden. Goethe zog sich in die hinteren Zimmer zurück weiter an seinen Werken arbeitend, derweil Christiane sich in Gesellschaft beim Kartenspiel von der schweren Arbeit entspannte. Gerne schaute sie sich Komödien im Theater an – ohne den Dichterfürsten –, dessen Stücke sie nicht interessieren konnte. Thomas Mann lässt Adele auf die Frage, ob Christianes »Conduite«[47] manches zu wünschen ließ, antworten: »[O]rdinär war sie in hohem Grade, gefräßig und plusterig mit hochroten Backen und tanzwütig und liebte die Bouteille über Gebühr, – immer mit Komödiantenvolk und jungen Leuten ...«[48]

Wir dürfen uns Christiane als sehr selbstbewusste, lebenskluge und lebenslustige Frau vorstellen. Ihre praktische Intelligenz stellte z. B. in Bad Lauchstädt sicher, dass der dortige Theaterbetrieb, dem Goethe von Weimar aus vorstand, erfolgreich in seiner Abwesenheit funktionierte. Sie brachte die Weimarer Schauspieler in Quartieren unter, sie kümmerte sich um die Finanzen, sie begleitete die Künstler, feierte mit ihnen und erstattete Goethe Bericht. Im Gegensatz zu Weimar erfuhr sie in Bad Lauchstädt die Anerkennung, die ihr gebührte. Sie rieb sich im Dienst für Goethe auf. Fünf Kinder brachte sie zur Welt, davon sie vier begraben musste. Selbst gesundheitlich angeschlagen pflegte sie den oft kränkelnden Goethe. Vor allem lebte sie in Weimar ein Leben voller Demütigungen, die sie insbesondere gegenüber den adeligen Ständen und den feingeistigen Intellektuellen erdulden musste. Christiane verstarb nach achtundzwanzig Jahren Zusammenlebens mit Goethe im einundfünfzigsten Lebensjahr.

Die Christianezimmer sind mit Möbeln aus dem Goethe'schen Nachlass und anderen zeitgenössischen Stücken ausgestattet. Auf dem Fensterbrett rechts der Kommode findet sich ein Brutblatt, auch Goethe-Pflanze genannt. 1817 fand sie ihren Weg nach Weimar. Goethe beobachtete, wie an den Blatträndern neue kleine pflanzenähnliche Blättchen mit Wurzeln entstanden. Fallen diese Blättchen in die Erde, wächst ein neues Brutblatt heran.

Fasziniert von dieser Form der asexuellen – vegetativen – Vermehrung, widmete sich Goethe der Zucht und Beobachtung der später nach ihm benannten Pflanze. Seiner Lebens-Lehre »Alles ist Blatt« folgend ist ihm das Brutblatt die Pflanze, »die den Triumph der Metamorphose im Offenbaren feiert.«[49] Sie ist ihm Symbol für Produktivität, für Freundschaft, für Liebe, für das Lebendige. In ihr zeigt sich gleichsam die pantheistische Seele der Welt. Folgerichtig bezeichnet Goethe das Brutblatt als die »pantheistische Pflanze«[50]. Er plante, über das Brutblatt eine Monographie zu verfassen. Aus dem Projekt wurde allerdings nichts.

Dass in einem der Christianezimmer das Brutblatt auf der Fensterbank steht, könnte als weitere Ignoranz der Gestalter*Innen der Räumlichkeiten gegenüber Christianes Person missverstanden werden: Ab August 1814 unterhielt Goethe eine intensive Liebesbeziehung zu Marianne von Willemer, die sich über Christianes Todesjahr 1816 hinweg zog. Marianne verewigte er im West-Östlichen Divan. 1826 schickte er ihr folgendes Gedicht:

»Was erst still gekeimt in Sachsen | Soll am Maine freudig wachsen. | Flach auf guten Grund gelegt | Merke wie es Wurzeln schlägt! | Dann der Pflanzen frische Menge | Steigt in lustigem Gedränge. | Mäßig warm und mäßig feucht | Ist, was ihnen heilsam deucht. | Wenn du's gut mit ihnen meinst, | Blühen sie dir wohl dereinst.«[51]

Großmutterglück blieb ihr verwehrt. Ihre Enkelkinder – deren Portraits in einem der Christianezimmer zu sehen sind – Walter, Alma und Wolfgang hat Christiane nicht mehr erlebt.

Ihr Sohn August heiratete ein Jahr nach ihrem Tod. Er kümmerte sich zwei Jahre um das Grab seiner Mutter, bevor der Jakobskirchhof 1818 geschlossen wurde, dem Geburtsjahr ihres ersten Enkels Walter.

Christiane war August eine warmherzige Mutter. Er durchlebte eine behütete Kindheit. Wir sehen auf dem ovalen Gemälde mit schwerem Goldrahmen von Johann Heinrich Meyer den dreijährigen August auf Christianes Schoß sitzen, einem Marienbildnis mit Kind nicht unähnlich. Es soll Raffaels Madonna della Sedia nachempfunden sein. Raffaels Madonna jedoch ist zu Meyers Christiane spiegelbildlich komponiert. August hält einen Apfel in der Hand, der bei Raffael fehlt.

Mogelte der Künstler die mit dem Apfel vom Baum der Erkenntnis symbolisierte Eva-Maria-Antithese mit in das Bild hinein? Christiane als Neue Eva? August als Neuer Adam? Spiegelbildlich zu Raffaels Madonna? Gemäß den damaligen Konventionen war Goethes Familie keine heilige und Goethe kokettierte damit. August trat mit zunehmendem Alter in den Schatten seines übergroßen Vaters, dem er letztlich als erwachsener Mann in dessen späten Jahren immer mehr zum Bediensteten wurde.

Vielleicht ist die beste Weise, sich in den Christianezimmern an Christiane von Goethe geb. Vulpius zu erinnern, Goethes an sie gerichtetes Gedicht zu lesen:

»Ich ging im Walde | So für mich hin | Und nichts zu suchen | Das war mein Sinn. | | Im Schatten sah ich | Ein Blümchen stehn | Wie Sterne blicken | Wie Äuglein schön. | | Ich wollt es brechen, | Da sagt es fein | Soll ich zum Welken | Gebrochen seyn. | | Mit allen Wurzeln | Hob ich es aus | Und trug's zum Garten | Am hübschen Haus. | | Ich pflanzt es wieder | Am kühlen Ort. | Nun zweigt und blüht es | Mir immer fort.«[52]

Wir verlassen das Hinterhaus, um über eine kleine knarrende Treppe wieder das Vorderhaus zu betreten. Die Fenster weisen nicht mehr zum Garten, sondern nach vorne auf den Frauenplan, wo sich das Touristen- und Alltagsleben Weimars wie auf einer Bühne abspielt. Die Besucher*In betritt das Große Sammlungszimmer. Ursprünglich könnte der Raum mit einer anderen Ausstattung als Wohnzimmer der gnädigen Dame gedient haben. Spielte Christiane hier in geselliger Runde Karten, entspannte von der harten Arbeit? Unmittelbar nach ihrem Tod ließ Goethe dieses und die beiden sich anschließenden von der Familie genutzten Zimmer ausräumen. Die Räume sollten einen Teil der enormen Goethe'schen Sammlungen aufnehmen. Sie wurden in Sammlungsschränken, in Repositorien und Vitrinen aufbewahrt.

Wohl war ihm auch an der repräsentativen Ausgestaltung der Zimmerflucht gelegen. Optisch beeindruckend ist das Arrangement der Durchgänge, das den Blick entlang der gesamten Fensterfront des Hauses bis in das hintere Urbinozimmer zieht.

Im links zu sehenden Sammlungsschrank sind Kleinplastiken aus Bronze ausgestellt. In ihnen sah Goethe die kunstgeschichtlichen Epochen vom Alten Ägypten bis zur Gegenwart des 19. Jahrhunderts repräsentiert. Die zusammengetragenen Stücke seiner Sammlungen dienten ihm zur ordnenden Betrachtung. Goethe beschäftigte sich vor allem mit der Morphogenese, ob bei Pflanzen oder Tieren, ob mit der Geomorphogenese oder wie hier mit der Morphogenese in der Kunst. Die reine Anschauung war ihm das zentrale Erkenntnisinstrument. Die für sein beobachtendes Auge sichtbare Gleichheit, Verschiedenheit oder Ähnlichkeit der Formen, Farben und Gestalten ließen ihn, so war er überzeugt, unmittelbare Einsicht in die Struktur der Welt gewinnen.

Dreht man sich am weißen Sammlungsschrank um, fällt der Blick auf ein Bildnis des Großherzogs Carl August. Die Gipsfigur auf dem Schreibtisch stellt den Apostel Judas Thaddäus dar. Wir waren durch die Tür rechts aus dem Hinterhaus gekommen, drehen uns erneut und gehen durch den ersten Durchgang der Zimmerflucht in das Majolikazimmer. Vor Christianes Tod diente der Raum als Schlafzimmer. Er übernahm wie das Große Sammlungszimmer Teile der großen Goethe'schen Sammlungen. In den Schränken finden sich Majolica-Teller, die dem Raum seinen Namen geben. Eine Majolika ist eine farbig glasierte Tonkeramik, die im kunstgeschichtlichen Sinn eine spezielle italienische Keramik des 15. und 16. Jahrhunderts bezeichnet.

Die Sammlung enthält vor allem Motive aus den biblischen und antiken mythologischen Themenkreisen. Ein Beispiel für ein biblisches Motiv ist ein Teller, der die Geschichte von Baana und Rechab aus 2 Sam 4 in dem Moment darstellt, wie die beiden Kopfgeldjäger mit dem abgeschlagenen Haupt des von ihnen im Schlaf ermordeten Ischbaal vor David knien. Doch statt des Kopfgeldes ließ David sie hinrichten, weil sie »einen rechtschaffenden Mann in seinem eigenen Haus auf seinem Bett umgebracht haben«[53]. Eingedenk des Terrors der Nazis und den Erfahrungen Marthas nicht nur mit dem „Röhm-Putsch" eine denkwürdige Geschichte.

Ein Beispiel für ein antikes mythologisches Thema ist die Geschichte von Argos Panoptes. Er erschlug die Nymphe Echidna im Schlaf. Von Hera bekam Argos, dessen vielen Augen nichts entging, den Auftrag, die in eine Kuh verwandelte Geliebte ihres Gatten Zeus Io, mit der er in Gestalt eines Stiers Epaphos zeugte, zu bewachen. Wie lebensgefährlich Schlaf sein kann, wusste Argos nur zu gut. Im Auftrag von Zeus schläferte Hermes den Argos mit seinem Flötenspiel ein, erschlug und enthauptete ihn.

In Zeiten politischer Meuchelmorde hätten derartige Geschichten und Motive zu denken geben können. Thomas Wolfe kannte seine Bibel und seine Griechen gut …

Wir gehen einen Schritt weiter in das Deckenzimmer, dessen Name von der Stuckdecke des Raumes herrührt. Hier brachte Goethe Teile seiner Sammlungen unter, auch diente es ihm als Bildkabinett, was die gerahmten Zeichnungen an den Wänden dokumentieren. Die Goethe'sche Präsentation verfolgte dabei das pädagogische Ziel, den Betrachter in die verschiedenen kunstgeschichtlichen Epochen und Schulen einzuführen. Die Büste auf dem kleinen Eckschränkchen stellt die Herzogin Anna Amalia dar. Die Sitzmöbel sind dem antiken Klismos nachempfunden, einem Stuhltypen wie er bereits im fünften vorchristlichen Jahrhundert in Griechenland entwickelt worden war. Typisch sind die nach außen gebogenen Beine und die nach hinten geneigte Rückenlehne. Möbel dieser Art waren zu Goethes Zeit sehr in Mode. Man kann sich gut vorstellen, wie hier der Meister in sehr angenehmer Atmosphäre mit seinen Gästen über Kunst parlierte.

Damit keine Langeweile aufkommen und je nach Gelegenheit die Bilder arrangiert werden konnten, nutzte Goethe Wechselrahmen, schließlich hatte er im Laufe der Zeit etwa 12 000 Grafiken zusammengetragen.

Links vom Durchgang zum Majolikazimmer steht eine wahrscheinlich aus dem Frankfurter Elternhaus Goethes stammende Kommode. Rechts von der Sitzgruppe befindet sich ein stählerner Ofen.

Die Besucher*In passiert den Gelben Saal, den wir bereits kennengelernt haben, bevor es in das Brückenzimmer ging. Doch wir biegen nicht nach links ab, sondern laufen weiter in das nächste Zimmer im Verlauf der Flucht. Wir erreichen nun den Raum mit der größten Prachtentfaltung des ganzen Hauses, das Junozimmer. Das Junozimmer diente vor allem der Repräsentation. Hier fanden große Gesellschaften und Empfänge statt, aber auch private Musikabende in sehr persönlicher Zweisamkeit von Musiker und Dichter, sowie im erweiterten familiären Kreis z. B. bei Chorproben von Laiensängern, die wir uns als Hausmusikabende vorstellen können. Den Namen hat das Junozimmer von der Kollossalstatue links vom Durchgang zum Gelben Saal. Sie ist eine Gipskopie des Juno Ludivisi genannten riesigen aus Marmor gefertigten Frauenkopfes, der als Original in Rom zu bewundern ist. Im Anschluss an Winckelmann war sie der handgreifliche Inbegriff des Griechischen überhaupt. Durch die Begeisterung Goethes für diese Plastik, die er »seine erste Liebschaft in Rom«[54] nannte und ihre Idealisierung in Schillers Über die ästhetische Erziehung des Menschen in einer Reihe von Briefen wurde die Juno Ludivisi zum Inbegriff der „Weimarer Klassik".

Hören wir Friedrich Schiller zu, wie er am Ende des fünfzehnten Briefes schreibt:

Der Mensch »ist nur da ganz Mensch, wo er spielt. (…) Dieser Satz (…) wird, ich verspreche es Ihnen, das ganze Gebäude der ästhetischen Kunst und der noch schwierigeren Lebenskunst tragen. (…) (L)ängst schon lebte und wirkte er in der Kunst und in dem Gefühle der Griechen (...); nur daß sie in den Olympus versetzten, was auf der Erde sollte ausgeführt werden. Von der Wahrheit desselben geleitet, ließen sie sowohl den Ernst und die Arbeit, welche die Wangen der Sterblichen furchen, als die nichtige Lust, die das leere Angesicht glättet, aus der Stirne der selgen Götter verschwinden, gaben die ewig Zufriedenen von den Fesseln jedes Zweckes, jeder Pflicht, jeder Sorge frei und machten den Müßiggang und die Gleichgültigkeit zum beneideten Lose des Götterstandes (...). (...) Beseelt von diesem Geiste, löschten sie aus den Gesichtszügen ihres Ideals zugleich mit der Neigung auch alle Spuren des Willens aus, oder besser, sie machten beide unkenntlich, weil sie beide in dem innigsten Bund zu verknüpfen wußten. Es ist weder Anmut, noch ist es Würde, was aus dem herrlichen Anlitz einer Juno Ludovisi zu uns spricht; es ist keines von beiden, weil es beides zugleich ist. (...) In sich ruhet und wohnt die ganze Gestalt, eine völlig geschlossene Schöpfung, und als wenn sie jenseits des Raumes wäre, ohne Nachgeben, ohne Widerstand; da ist keine Kraft, die mit Kräften kämpfte, keine Blöße, wo die Zeitlichkeit einbrechen könnte. Durch jenes unwiderstehlich ergriffen und angezogen, durch dieses in der Ferne gehalten, befinden wir uns zugleich in dem Zustand der höchsten Ruhe und der höchsten Bewegung, und es entsteht jene wunderbare Rührung, für welche der Verstand keinen Begriff und die Sprache keinen Namen hat.«[55]

Die gemeine Besucher*In unserer Tage wird die kolossale Größe der Gipsplastik erstaunt betrachten, doch sind wir weit entfernt von Gedanken der Art wie sie Schiller äußerte. Am gemeinen Leben teilnehmende Menschen wie Thomas Wolfe und Martha Dodd werden sich nicht haben hinreißen lassen – gerade als Amerikaner nicht –, die Werte der Arbeit, der Mühsal, des Willens, der Emotionen wie Liebe und Hass zu negieren. Die teilnahmslose Gleichgültigkeit der Götter konnte nicht ihre Sache sein. Thomas Wolfe wollte teilnehmen, er sah mit realistischem und mitleidendem Blick die Welt wie sie war. Gleichgültigkeit und Teilnahmslosigkeit mag den griechischen Göttern zukommen, menschliche Ideale sind sie gleichwohl nicht.

Auf dem runden Tisch der Sitzgruppe des Zimmers ist eine Gipskopie der Victoria von Fossombrone zu sehen. Sie schreitet über die Weltkugel hinweg, ihr Gesicht sei »sehr still und edel«[56], so Goethe. Die Siegesgöttin tritt den Blick in den Kosmos gerichtet auf die Erde nieder. Der imperiale Adler darf bei solch einem Ensemble nicht fehlen. Es ist die Selbstverständlichkeit der Macht über Leben und Tod, die die göttergleiche Gleichgültigkeit und Teilnahmslosigkeit bei den Sterblichen offenlegt.

Die Besucher*In gelangt nun in das letzte der in der Flucht liegenden Zimmer des Vorderhauses. Um Platz für größere Gesellschaften zu gewinnen, kann die zusammengefaltete Schiebetür das Juno- und das Urbinozimmer miteinander verbinden. Den Namen Urbinozimmer trägt der Raum wegen des sehr dominanten den letzten Herzog von Urbino Francesco Maria II. della Rovere darstellenden Gemäldes. Der für Goethes gleichnamiges Schauspiel namensgebende Torquato Tasso wurde am Hof von Urbino als dreizehnjähriger der Mitschüler des späteren Herzogs. Wie der historische Tasso ist der des Schauspiels als Dichter bei Hof angestellt. Zeit seines Lebens nahm es der historische Tasso nicht so genau mit den höfischen Gepflogenheiten mit all ihren Höflichkeiten. In späteren Jahren litt er wahrscheinlich an einer schizoiden Psychose, was sein Verhalten noch unmöglicher und unverständlicher machte. An der Figur des Tasso arbeitete sich Goethe an der ihn bedrängenden Frage ab, welche Rolle dem Dichter bei Hof zufalle und welche Konflikte sich daraus ergeben. Das Abbild des Mitschülers des historischen Tasso könnte für Tasso selbst und für den Konflikt seines eigenen Lebens bei Hof gestanden haben.

Der Tasso auf dem Bildnis des letzten Herzogs von Urbino blickt durch die gesamte Zimmerflucht bis ins Große Sammlungszimmer, wo umgekehrt Goethes Großherzog Carl August ebenfalls das gesamte Treiben im Vorderhaus bis ins Urbinozimmer im Blick hat. Goethes Leben im Vorderhaus spielte sich in der Spannung zwischen Hof und freiem Künstlertum ab, zwischen Carl August und

Tasso. Unbeobachtet konnte Goethe hier nicht sein, sowohl aus der Richtung Carl Augusts als auch aus der Richtung Tassos. Die höfische Pflicht war das eine, die Natur des Künstlers und Wissenschaftlers das andere. Wie lässt Goethe Tasso im fünften Aufzug zweiter Auftritt sagen:

»Wenn ich nicht sinnen oder dichten soll, | So ist das Leben mir kein Leben mehr. | Verbiete du dem Seidenwurm zu spinnen, | Wenn er sich schon dem Tode näher spinnt. | Das köstlich Geweb entwickelt er | Aus seinem Innersten und läßt nicht ab, | Bis er in seinen Sarg sich eingeschlossen.«[57]

Thomas Wolfe hätte dem nichts hinzufügen wollen. Das Schreiben war ihm eine natürliche Notwendigkeit. Goethe wie Wolfe mussten schreiben, sie mussten künstlerisch tätig sein, denn erst in der Kunst konnten sie ganz zu sich und zur Welt finden. So unterschiedlich ihre Epochen, ihre Herkunft, ihre Geschichten waren, es verband sie der unerbittliche Drang zum Künstlertum, der sich rücksichtslos gegen die Person des Künstlers Bahn brach. Wie hatte Wolfe an seinem bisherigen Werk gelitten. Er hatte sich bei der Flucht aus Amerika verrückt werden sehen, wie Tasso. Alles stand ihm noch vor Augen, seine Not auf dem Atlantik und in Paris, die künstlerische Fragwürdigkeit Hugh Walportes, der kein Wagnis mehr eingehen wollte und konnte und so alles verlor.

Aber auch die Fragwürdigkeit des eigenen Erfolges, dem Wolfe sich so gerne in Berlin ergeben hatte, beschäftigte ihn. Ihm und uns Besucher*Innen hätte im Urbinozimmer vorgeführt werden können, wie leicht Erfolg korrumpiert. Nicht umsonst geht es unter Tassos Blicken nach links in den Bereich des Hinterhauses, wo Goethe das Sinnen und Dichten frei gewagt hatte.

seine Laboratorien und Werkstätten, die große Bibliothek, die Räume, in denen er seine physikalischen, chemischen, elektrischen und optischen Experimente angestellt hat.[58]

Wir betreten ein dunkles Wendeltreppenhaus. Über die Treppe konnte Goethe hinauf in das Mansardengeschoss gelangen oder über fünf Stufen hinab in seinen Arbeitsbereich. Gegenüber der Flucht(?)tür aus dem Urbinozimmer treten wir in das Vorzimmer zum Arbeitszimmer, das Brückenzimmer über die Hofeinfahrt hinweg in das Hinterhaus.

Wenig Licht ist hier, der Raum ausgesprochen schlicht gestaltet, beherrscht von schweren Schränken der Goethe'schen Mineraliensammlung. Als einziger Schmuck muss die aus seinem Elternhaus stammende Standuhr vor dem Fenster zum Hof dienen, für die ganz praktisch eine Auslassung in den Ablagetisch davor gesägt worden war.

Seine Mineraliensammlung legte Goethe über viele Jahre hinweg an. In seiner Funktion als Vorsitzender der neu gegründeten Bergbau-Kommission, deren Aufgabe die Wiederbelebung des Silber- und Kupferabbaus in Ilmenau war – zudem sollte die herzogliche Staatskasse gefüllt werden – , musste sich Goethe mit Fragen der Geologie beschäftigen. Er pflegte Kontakte zu Absolventen der Freiberger Bergakademie, zur damaligen Zeit das Mekka der Mineralogie. Der Begriff der Geologie war eher spekulativen Theorien über die Entstehung der Erde vorbehalten als für die dem Bergbau grundlegende Wissenschaft. Goethe praktizierte zeit seines Lebens eine beschreibende morphologisch ausgerichtete Wissenschaft der

Anschauung. Mit der Sammlung von Gesteinsproben, die er in der Landschaft genau kartierte, holte er die Natur in sein Laboratorium. Dem entsprechend betrieb Goethe keine Naturgeschichte, sondern eine »Natur-Geographie«[59]. Für den Bergbau hatte die Mineraliensammlung einen öffentlichen Zweck, indem z. B. eine allgemein gültige Klassifikation und Nomenklatur für einzelne Gesteinsarten entwickelt werden konnte oder dass z. B. bestimmte geologische Formationen für einen lohnenden Abbau sprachen. Für diese Zwecke konnte Goethe auf öffentliche Gelder zurückgreifen. Doch erschöpfte sich sein Interesse nicht an der öffentlichen Aufgabe. Für seine Sammlungen investierte er viel Geld und Zeit aus seiner Privatschatulle, um seinem ganz privaten Interesse nachzukommen. Seine Sammlungen wie sein Arbeitszimmer blieben für die Öffentlichkeit – zunächst – verschlossen. Das anschauliche Denken erforderte ständige Arbeiten an der Sammlung. Die Stücke mussten umsortiert werden, wenn es Neueingänge gab oder wenn die Übergänge durch das Umsortieren harmonischer wirken sollten. Der harmonische Übergang, für die seine Strukturanalysen des Granit vom Brocken im Harz stand, zeigte ihm, wie die Erdkruste allmählich, langsam sich in Übergängen entwickelte, nicht durch plötzliche Eruptionen. Am graduellen Übergang, an der harmonischen Reihung war Goethe bei seinen Sammlungen gelegen.

So spürte er der Harmonie des Ich in den Dingen der Natur und der Kunst nach, wozu ihm die Sammlungen lebenslange Begleiter und Inspirationsquellen waren. Gleichzeitig dokumentierten sie seine Auffassung über den Bau der Gesellschaft als einem harmonischen Ganzen, das sich langsam in kleinsten Graduierungen und – eingedenk der Französischen Revolution – evolutionär, nicht revolutionär entwickelt.

Sich drehend schaut die Besucher*In zurück in das Treppenhaus und durch einen schmalen Spalt in das Urbinozimmer. Wir verlassen nun endgültig den öffentlichen Bereich des Gebäudes und schauen links in die Bibliothek.

Die Bibliothek besteht bei unserem Besuch aus leeren Regalen hinter Gitter und einem Schild, das auf ein derzeit laufendes

Forschungsprojekt hinweist. Aber egal … Kann es etwas Intimeres für einen Schriftsteller und Wissenschaftler geben als dessen Bibliothek? Goethe nutzte neben seinen privaten Büchern vor allem die Bestände der Anna Amalia Bibliothek und die der Universitätsbibliothek des nahen Jena. Etwa 7 500 Bücher zählt der alle damaligen Wissensgebiete umfassende private Bestand: Dichtung, Literatur, Kunst, Naturwissenschaften, Medizin, Theologie, Philosophie, Jura … eine Breite des Interesses, das den damaligen Universalgelehrten auszeichnete. Wolfe als passionierter Leser und Dichterkollege mag hier ehrfürchtig sich umgesehen haben. Oder ging er erschlagen von den unendlichen Reihen ihm nichts sagender Buchrücken schnell weiter(?) … 1935 erschien Elias Canettis Die Blendung(!) …

Wir wählen die zweite Variante, weil wir endlich einen Blick in das Arbeitszimmer des Meisters werfen möchten. Es ist schlicht, fast schmucklos eingerichtet. Die Möbel sind allein dem Zweck angepasst, sie lassen jede Repräsentativität vermissen. Man sieht, wie hier ein wirklicher Mensch seiner alltäglichen Arbeit nachging, so wie ein heutiger Wissenschaftler in seinem Labor oder ein Handwerker in seiner Werkstatt. Da der Geist sich auf das gerade Anstehende konzentrierte, brauchte es keiner weiteren Dekoration. Hier fühlte sich Goethe zuhause, hier war sein Rückzugsort von den Zwängen der Pflichten. Der Tagesablauf war streng geregelt. Goethe stand früh auf, begann sofort mit dem Sekretär seine umfangreiche Korrespondenz zu erledigen, machte eine Frühstückspause wie jeder andere auch, um mit seiner produktiven Tätigkeit bis weit nach Mittag fortzufahren. Nach dem Mittagessen in Gesellschaft ging Goethe gerne spazieren. Abends wurden Gäste bewirtet, er las oder ruhte sich schlicht nur aus. Diese Regelmäßigkeit des Tagesablaufes kam seinem Werk ungeheuer zugute. Es wäre vielleicht bei einem weniger regelmäßigen Tagwerk so in der uns bekannten Weise nicht entstanden.

Er litt sehr unter den Verpflichtungen seiner Staatsämter. Die ersten zehn Weimarer Jahre hatten ihn in eine schwere Schaffenskrise gebracht. Er floh in eine zweijährige Reise nach Italien. Bei seiner

Rückkehr nach Weimar fand sich ein Arrangement mit dem Herzog Carl August, das es Goethe ermöglichte, weitestgehend ohne Amtsgeschäfte, seinen Interessen und Neigungen zu leben. Weil die ungeheuer weitgespannt seinen vollen Einsatz erforderten, bedurfte es eines gut strukturierten Arbeitstags, der über täglich viele Stunden hinweg für Monate und Jahrzehnte seine Produktivität auf höchstem Niveau garantierte.

Steht dort auf dem Fensterbrett ein Brutblatt? Es würde passen, um die hier sich vollzogen habende Produktivität zu symbolisieren. Auf dem Tischchen links daneben findet sich eine Pappschachtel mit Schreibzeug und zwei Handkerzenleuchter, auf dem Pult links eine Tischuhr, davor ein Trinkglas. Das Arbeitszimmer wird von einem großen in der Mitte stehenden Tisch beherrscht. Der Platz des Schreibers ist mit dem notwenigen Schreibzeug ausgestattet, dazu ein bequemes Armkissen. Doch wurde hier nicht nur geschrieben. Wie jeder zentrale Tisch diente er als vertraulicher Gesprächsort und als Platz für einsame und gesellige Mahlzeiten.

Die rechte Wand ist von einem großen mit Aufsätzen versehenen Schreibtisch eingenommen. Nachschlagewerke standen griffbereit, wir sehen ein Lesepult, davor eine Weinflasche. Die mit Wasser gefüllte Schusterlampe leuchtete bei schwachem Licht den Arbeitsplatz aus. Weit zum Fenster zu fast in der Ecke sehen wir einen Stockknauf mit bezipfelmützten Kopf, davor erahnbar zwei Äste. In der Nische links neben dem Lesepult steht ein Lichtschirm, ein in Zeiten ohne Elektrizität notwendiges Hilfsmittel, um zusammen mit der Schusterlampe auch bei schwachem Licht lesen und schreiben zu können.

Wir wenden uns zur linken Seite des Zimmers. Dort ist ein weiteres großes Schreibpult zu sehen. An der Wand hängt ein Schaukasten, dessen Inhalt aufgrund der Spiegelungen des Fensterlichtes für uns unsichtbar ist. Darin arrangierte Goethe Tonschieferplatten, die er bei einer Exkursion in das Lahntal gefunden hatte. Auf der Ablage findet sich ein Thermo- und ein Hygrometer, dazu Halbkugeln aus Pappe, ein Spiegel, davor ein geschliffenes milchiges Glasfläschchen mit Napoleon Bonaparte als Stöpsel. Die milchige Trübung des Glases wird durch das bei der Glasherstellung zugeführte Kryolith erzeugt. Winzige Kristalle verändern die Wellenlänge des einfallenden Lichtes, so dass ein gelber, roter oder blauer Farbeindruck entsteht. Zur Veranschaulichung seiner Licht- und Farbexperimente nutzte Goethe dieses kleine unscheinbare Fläschchen. Seine wissenschaftlichen Studien betrieb er mit großem Ernst. Er schrieb in Der Versuch als Vermittler von Objekt und Subjekt, dass er »die Lehre des Lichts und der Farben mit Eifer behandle«[60] und weiter: seine »Absicht ist: alle Erfahrungen in diesem Fache zu sammeln, alle Versuche selbst anzustellen und sie durch ihre größte Mannigfaltigkeit durchzuführen«[61]. Dabei folgt er einem modernen Forschungsprogramm. Fast mutet es an, als ob er die im Jahr des Weimarbesuches von Thomas Wolfe 1935 erschienene Logik der Forschung von Karl Popper mit seiner Kritik am Induktionsproblem vorweggenommen hat. Mehrfach wies Goethe darauf hin, »daß nichts gefährlicher sei, als irgend einen Satz unmittelbar durch Versuche bestätigen zu wollen, und daß die größten Irrtümer eben dadurch entstanden sind, daß man die Gefahr und die Unzulänglichkeiten dieser Methode nicht eingesehen«[62]. Er warnte eindrücklich vor Tricksereien in den Naturwissenschaften: »Man wird bemerken können, daß ein kluger Kopf nur desto mehr Kunst anwendet, je weniger Data vor ihm liegen; daß er gleichsam seine Herrschaft zu zeigen, selbst aus den vorliegenden Datis nur wenige Günstlinge herauswählt, die ihm schmeicheln; daß er die übrigen so zu ordnen versteht, wie sie ihm nicht geradezu widersprechen, und daß er die feindseligen zuletzt so zu verwickeln, zu umspinnen und beiseitezubringen weiß, daß nunmehr das Ganze nicht mehr einer freiwirkenden Republik, sondern einem despotischen Hofe ähnlich wird«[63]. Gleichwohl dürfen wir nicht vergessen, dass Goethe eine Art phänomenologische Naturphilosophie betrieb, die noch auf dem Weg zu den heutigen Forschungsprogrammen der modernen Naturwissenschaften war.

Die phänomenologische Sichtweise, das fast naive Sammeln von Erfahrungen und die Betrachtung der Dinge und Ereignisse in Goethe'scher Art waren für Wolfe ein wohlbekannter Erkenntnisweg.

Das epische Werk Wolfes gewinnt nicht zuletzt deshalb seine un-
geheure Kraft, weil nur ein Gleicher Gleiches erkennt, was notwendig Nähe selbst zum Fernsten verlangt, den wir negativ-theolo-
gisch Gott zu nennen pflegen. Wie es Goethe ausdrückte:

»Wär nicht das Auge sonnenhaft, | Wie könnten wir das Licht er-
blicken? | Lebt nicht in uns des Gottes eigne Kraft, | Wie könnt
uns Göttliches entzücken?«[64]

Goethes wissenschaftliches Denken wies weit über seine Zeit hinaus, was die einfache Laborsituation seines Arbeitszimmers uns
Nachgeborenen eindrucksvoll veranschaulicht.
Links des großen Schreibpultes steht die Tür zum Schlafzimmer of-
fen. An ihr ist eine Liste der Postkutschenabfahrtzeiten angebracht;
dort praktisch platziert, um die Post rechtzeitig aufgeben zu können. Auch der große Goethe war an die Infrastruktur gebunden,
die ihm seine Zeit vorgab. Alles geschah langsamer. Die Tagesleis-
tung einer Postkutsche lag bei etwa 50 Kilometern. Wenn man sich
nicht persönlich sprechen konnte, blieb nur der Brief. Ob der Glo-
bus von 1798 den Traum ausdrückt, irgendwann ein globales Kom-
munikationsnetz nutzen zu können? Wie Goethe war Wolfe sein
Leben lang ein großer Briefschreiber. Schließlich, wir dürfen es
nicht vergessen, stecken wir mitten drin in einem Brief, der noch
einiges zu erzählen hat, möglicherweise auch Dinge, die ausdrücklich keine Erwähnung fanden, sondern schweigend beredet sprachen.
Vom Arbeitszimmer gelangen wir nicht in das Schlafzimmer. Wir
gehen den schmalen Flur mit seinen zum Hof weisenden Fenstern
entlang, bis wir rechts die Tür zum Dienerzimmer erreichen. Das
Schlafzimmer hat keinen Durchgang zum Flur. Man kann es vom
Arbeits- oder vom Dienerzimmer aus betreten. Doch gilt für die Besucher*In: Man darf hineinschauen, das Betreten ist verboten!
Das Arbeits- und das Schlafzimmer sind bis heute die intimsten als
authentisch angesehenen Verobjektivierungen des Phänomens
Goethe geblieben. Die Präsentation der authentischen Objekte, die
einem „genialen Geist" in dessen sehr alltäglichem Leben dienten,

kommt im musealen Präsentationsrahmen einer Personenkultstätte, wie es das Goethehaus war, eine Funktion ähnlich der der
Präsentation der Hostie während der Eucharistiefeier zu. In der
Hostie zeigt sich die Realpräsenz Christi, im Arbeits- und Sterbe-
zimmer die Realpräsenz Goethes. Die andächtig gespannten Ner-
ven der Besucher*In lassen sich gerne vom Geist des Ortes berühren, der Ehrfurcht vor dem Erhabenen fordert, jedoch gerade keine
intellektuelle Auseinandersetzung mit dem Werk Goethes.
Der besondere Geist mag hier von Wolfe erspürt worden sein. Der
Gleiche ließ sich vom Gleichen berühren – vielleicht.
Wir gelangen in das Dienerzimmer. Ursprünglich befand sich hier
die Bibliothek, später schlief hier Goethes Leibdiener, der zugleich
sein Sekretär war. Vom Dienerzimmer aus schauen wir in das
Schlafzimmer. Man sieht zwei größere Tafeln an der Wand hängen,
die eine zur Tonlehre, einer Verbindung von Akustik und Wahr-
nehmungspsychologie, die andere zur Geologie. Überhaupt nutzte
Goethe gerne zu Lernzwecken Tabellen. Es hatte Zeiten gegeben,
da sein ganzes Zimmer damit austapeziert war. Wir können sehen,
wie der lebendige Geist Goethes zu arbeiten und vor allem zu lernen verstand, ganz profan vor allem durch nie nachlassendes
Üben. Uns Heutigen mögen die Tafeln ein Hinweis sein, dass es
zum Lernen nie zu spät ist ...
Links der Tafeln hängt ein Wetterglas wie wir eines schon im Gartenhaus gesehen haben. Durch die Tür rechts schaut man in das
Arbeitszimmer. Weiter rechts steht ein Sessel, davor eine Fußbank,
gerade um die Ecke sichtbar Goethes Bett. Auf dem Sessel sitzend
verstarb Goethe am 22. März 1832.

Friedrich Rückert (1788-1866) dichtete aus diesem Anlass mit dem
Titel Goethe's letztes Wort:

»Stets des Lebens dunkler Seite | Abgewendet wie Apoll; | Daß er
Licht um sich verbreite | War der Ruf, der ihm erscholl. | Und so
stand er jung im Streite | Bis ins Alter würdevoll, | Gegen Dra-
chen-Nachtgeleite, | Das aus allen Ecken schwoll, | Das er bald mit
Scherz beiseite | Schob, bald niederschlug mit Groll. | Als er abtrat

nun vom Streite, | War das letzte Wort, das quoll | Aus der Brust erhobner Weite: | „Mehr Licht!" Nun, o Vorhang, roll | Auf, daß er hinüber schreite, | Wo mehr Licht ihm werden soll!«[65]

In der Heimatstadt Goethes Frankfurt am Main erzählt man sich freilich eine andere Geschichte. Goethe sprach kein reines Hochdeutsch, sondern breit die Frankfurter Art des Hessischen. Er habe eigentlich sagen wollen »Mer licht hier schlescht«[66], was „Man liegt hier schlecht" heißen soll. Volkes Stimme bleibt misstrauisch gegen phantasierte Überhöhungen der Kultureliten ...

Was nun waren die tatsächlich überlieferten letzten Worte Goethes? Es gibt verschiedene Vorschläge und Überlieferungen. Da gibt es »Macht doch den zweiten Fensterladen auch auf, damit mehr Licht hereinkomme!«[67], was die Mehr-Licht-Theorie stützen würde oder an seine Schwiegertochter Ottilie von Goethe gerichtet: »Frauenzimmerchen, gib mir dein Pfötchen!«[68] oder auch an seinen Diener Friedrich Krause gerichtet um den Nachttopf, den »Botschamper«[69], bittend. Das Mehr-Licht-Wort hat sich in der Überlieferung durchgesetzt, fasst es doch das stete lebenslange Erkenntnis-, Wahrheits- und Aufklärungsstreben Goethes besser zusammen als die wahrscheinlich tatsächlich sehr profanen Worte des Dichters.

Egon Friedell macht sich mit der Groteske Goethe im Examen lustig über solche Konstruktionen des angeblich Authentischen. In der Silvesternacht von 1907 auf 1908 wurde das kleine Stück in Wien uraufgeführt.

Dem schlechten Schüler Züst erscheint der Geist Goethes, der sich bereit erklärt, für Züst in der Gestalt von Züst ins Maturaexamen über Goethe zu gehen. Der „Frankfurter Bub" Goethe spricht natürlich breites Frankfurterisch im Gegensatz zum gewählten Hochdeutsch des Prüfers.

»Professor, scharf: – Was waren Goethes letzte Worte?

Goethe: No, Milch hat er gewollt.

Professor: W-a-aas? Ich verstehe immer Milch.

Goethe: No ja, Milch in sein Kaffee, weil er ihm zu dunkel war. Und da hat er gesacht: mehr licht!

Professor, entsetzt aufstehend: Es zeigt sich die äußerste Niedrigkeit der Gesinnung, annehmen zu wollen, daß ein Genius wie Goethe sich ein so triviales Thema für seine letzten Worte hätte wählen können!«[70]

In einer Zeit des Geniekultes allerdings erhalten nichtprofane Worte einen sakramentalen heiligen, pseudoreligiösen Charakter. Mehr-Licht ist dann nicht mehr eine Aufforderung zu mehr Erkenntnis, Wahrheit und Aufklärung, sondern genau zum Gegenteil, dem Anhimmeln, der passiven Erleuchtung des Jüngers in der kritiklos glaubenden Nachfolge eines oder „des" Führers.

Die allgemein erwartete und bildungsbürgerlich bekundete Gemütslage angesichts des Arbeits- und des Sterbezimmers war und ist die der Ehrfurcht vor dem großen Genie Goethes. Goethe selbst lag nicht viel an seinem Haus. Das sollte zu gegebener Zeit von den Erben verkauft werden können, wenn sie es für ihr Leben nicht mehr bräuchten. Die Idee, den authentischen Ort seines Lebens und Wirkens zu einem „Nationaldenkmal" in der Art einer Personenkultstätte zu machen, war nicht die seine. Bereits am 28. Mai 1832, kaum fünf Wochen nach Goethes Tod, schlug Carl August Böttiger vor,»die herrlichen Haus- und Gartenräume, als den Tempel, in welchem dieser Genius waltete und schuf«[71] zu erwerben, weil »Reisende aus allen Weltgegenden würden herbeikommen, um das alte Salve am Eingang des Heiligthums selbst zu vernehmen, und Tage lang in diesem Museum Goethe's zu verweilen«[72]. Später, 1903, sprach die Weimarische Zeitung vom größten »Kulturheiligtum Deutschlands«[73]. Den kulturpessimistischen, nationalistisch-konservativen, fast reaktionären Geist des Bildungsbürgertums, der mit dem Goethe-Nationalmuseum transportiert werden sollte, brachte Hans Gerhard Gräf (1864-1942) exemplarisch zu Papier. Das »Gefühl der Pietät, der Ehrfurcht vor dem durch wahre Größe Geheiligten«[74] komme »den „modernen" Menschen in einer durch Überkultur, Luxus und Blasiertheit schwer erkrankten, ja zerrütteten Zeit immer mehr abhanden«.[75]

Die authentischen Orte des Lebens und Wirkens Goethes, die einfachen Dinge seines alltäglichen Lebens dienten einem Genie-Kult, der sich mit der nachnapoleonischen Restauration und den ausgeträumten politischen Ideen einer politisch geeinten Nation Deutschland in die verstiegene, beinahe als Ersatzhandlung und Ersatzbefriedigung zu bezeichnende Vorstellung einer deutschen „Kulturnation" flüchtete und mit der „kleindeutschen" nationalen Einigung unter der Führung Preußens vollkommen reaktionär und chauvinistisch umgedeutet werden konnte.

Im Goethehaus ging es nicht um die Auseinandersetzung mit Goethes Werk, das naturgemäß menschlich, fehlbar, ambivalent, dabei erkenntnisoffen, wahrheitsliebend und aufklärerisch ist, sondern um den Kult des Genies, um den Kult der nationalen Überlegenheit des deutschen Kulturvolkes. Die Verbindung von Erkenntnis, Wahrheit und Aufklärung konnte bei diesem Projekt nur schaden. Das deutsche Kulturvolk erbeutete das Werk Goethes und führte die Beute in einem Triumphzug mit sich. »Man bezeichnet sie [die Beute] als die Kulturgüter«[76], schrieb Walter Benjamin in seinem Todesjahr 1940.

Das Kulturgut selbst ist »niemals ein Dokument der Kultur, ohne zugleich ein solches der Barbarei zu sein«[77] schlussfolgert Benjamin weiter, weil es »sein Dasein nicht nur der Mühe der großen Genien, die es geschaffen haben, sondern auch der namenlosen Fron ihrer Zeitgenossen«[78] zu verdanken hat. Eine dieser lange Zeit namenlos gebliebenen Zeitgenossen Goethes war seine Frau Christiane Vulpius: verkannt, zunächst unerwähnt, gemieden, verleumdet, gedemütigt.

Wolfe schrieb eingedenk seines Besuches des Sterbezimmers an Maxwell Perkins:

Lieber Max,

in diesem kleinen Zimmer, in diesem Stuhl neben dem Bett, ist Goethe gestorben. Sein Arbeitszimmer, die Laboratorien und Werkstätten und die Bibliothek sind gleich nebenan. Seine Frau und die Kinder hatte er ins Obergeschoss verbannt. [79]

Die Postkarte ist datiert vom 24. Mai 1935. Wolfe scheint als Künstler die Zusammenhänge von Kultur und Barbarei geahnt zu haben, die notwendig Kompromisse mit den materiellen und herrschaftlichen Gegebenheiten der Zeit einzugehen erfordern, obwohl sie zwar jenseits der Kunst angesiedelt sind, für sie aber zwingend erforderlich bleiben. Genies sind als Menschen und insbesondere als Künstler*Innen und Wissenschaftler*Innen den Anfeindungen ihrer Triebe, den geltenden Konventionen und ökonomischen Zwängen genauso unterworfen wie jeder andere Mensch auch. Eine pseudoreligiös überzeichnete Ehrfurcht angesichts des authentischen Ortes des Lebens und Wirkens des Genies Goethes ist eine säkulare, materialistisch überformte Reliquienverehrung, 1935 im Geist des Nationalsozialismus, zuvor in dem des konservativen Nationalismus der politisch kleindeutschen Großdeutschen Kulturnation.

Martha Dodd beschrieb die Atmosphäre im Goethehaus als muffig. Der mithilfe der authentisch wirken sollenden Räume des Lebens und Wirkens inszenierte Goethe'sche Geist ließ spüren, »daß Goethes Seele geschrumpft war. Es gab keine Sympathie mehr für den jugendlichen Goethe, leidenschaftlich und verwirrt in seinem Versuch, einen Sinn hinter dem Schicksal der Menschheit zu entdecken. Er war zum Bürger geworden, selbstgefällig, blasiert, sich seiner Rolle in der Welt und in der Literatur durchaus bewußt und schloß sich von den Menschen (...) und den Kämpfen des menschlichen Herzens ab.«[80]

Martha und Tom werden ihre Eindrücke ausgetauscht und vielleicht geteilt haben. Sicher blieben sie während ihres Besuches nicht unbeobachtet. Aufseher gib es in allen Museen der Welt. Bereits an der Kasse werden sie als Amerikaner aufgefallen sein. Vielleicht schützte sie die fremde Sprache vor der unmittelbaren Belauschung durch deutsche Ohren? Dass ihnen ein Spitzel folgte, ist wahrscheinlich, schließlich diente der bekennende Nationalsozialist Friedrich Schützenmeister seit 1926 dem Museum als Aufseher. Der wusste vom bewunderungswürdigen „Führer" zu sprechen, den er auf dem Balkon des Elephant sich der jubelnden Menge hat präsentieren gesehen hatte. Ob Schützenmeister am 23. Mai 1935 tatsächlich Dienst tat, steht auf einem anderen Blatt ... wenn nicht er, dann sicher ein anderer, der in des Führers Auftrag lauschte und vor allem lauschen wollte.

Wir verlassen das Dienerzimmer hin zum schmalen Flur, laufen die Treppe hinunter, um in den Hof zu gelangen. Neben dem Ausgang plätschert der umrankte Brunnen. Heimelig ist es hier. Frische Luft nach der klimatisierten des Museums.

Dann gingen wir weiter durch die Stadt[81]

Wohin? und was? sah Wolfe, dieser genaue Beobachter? War die kleine Reisegruppe tatsächlich nur nach Weimar gekommen, hatte sie diese anstrengende Reise unternommen, nur um zu den „Goethestätten" zu pilgern? Es ist kaum anzunehmen. 1935 pilgerte man nach Weimar zum Nietzsche-Archiv oder ins Schillerhaus. Das Bauhaus musste 1932 nach Berlin umziehen und dann 1933 schließen, da gab es nichts mehr zu sehen. Ignorierten Thomas Wolfe und Martha Dodd bewusst diese Orte, die „eigentlichen" Pilgerstätten Weimars? Setzten sie mit der Beschränkung auf die „Goethestätten" bewusst ein Zeichen für den den Nazis immer suspekt gebliebenen Freigeist und Freimaurer Goethe und gegen die beiden als nationalsozialistische Säulenheilige Missbrauchten mit Vornamen Friedrich – Friedrich Schiller und Friedrich Nietzsche? Hatte ihnen der Historiker im Amt des Diplomaten William Edward Dodd aus politischen Gründen ein Verbot – zumindest gegenüber seiner Tochter – ausgesprochen? Berichteten Martha und Thomas nichts weiter, weil sie die Stätten nicht besucht hatten oder weil sie nichts haben schreiben dürfen, was sie natürlich auch so gewollt haben müssen? Hatte Martha die Reise nicht auch aus pädagogischen Gründen unternommen, um»ihm klarzumachen, daß nicht alles in Deutschland unbedingt wunderbar war; er mußte es selbst erfahren«[82]. Nur was sollte Thomas Wolfe von einem nicht wunderbaren Deutschland erfahren, wenn sie in Der Stadt des nationalsozialistischen Geniekultes schlechthin genau die Orte ausschlossen, die viel mehr als die „Goethestätten" das barbarische Deutschland zeigten? Könnte die Auslassung mehr sagen, weil sie eine Leerstelle blieb? Wir wissen es nicht!

Wir wenden uns aus dem Goethehaus kommend nach rechts. Gegenüber befindet sich das Gasthaus Zum weißen Schwan, daneben das Haus, in dem Friedrich Schiller in Weimar seine erste Wohnung gefunden hatte. In der schmalen Seifengasse im Haus mit der Nummer 16 findet sich das Gebäude, das Goethe die erste Wohnung in Weimar gewährt hatte, ganz in der Nähe seiner – platonisch – geliebten Frau von Stein.

Wir laufen durch die schmale Gasse entlang der Mauer zurück zum Frauenplan. Vom Frauenplan ist es ein Katzensprung zur touristischen Prachtmeile Weimars, der Schillerstraße.

Hier lässt es sich gut flanieren, Cafés laden zum Verweilen ein. An einem Bistrotischchen sitzend genießen wir einen Espresso und einen Cappuccino. Vor allem Tourist*Innen, so wie wir, bevölkern die Plätze und Straßen. Im Mai 1935 wird es nicht anders gewesen sein, heiter und freundlich, klein- und bildungsbürgerlich, solide, konservativ sich „den Werten" verpflichtet fühlend.

Schillers Wohnhaus

Rechts liegt leuchtend gelb Schillers Wohnhaus. Bereits 1847 war Schillers Wohnhaus als das erste Literaturmuseum Deutschlands eingerichtet worden. Die Mansarde diente fortan als öffentlich zugängige Gedenkstätte. Friedrich Schiller zog am 29. April 1802 mit seiner Familie in das frisch erworbene Haus ein. Nur drei Jahre waren ihm darin noch vergönnt. Im Unterschied zu Goethe, der sein Stadthaus letztlich geschenkt bekommen hatte, bezahlte Schiller sein neues Heim ausschließlich aus eigenen Mitteln. Seinen im Vergleich zu Goethe deutlich bescheideneren Lebensstil können die heutigen Besucher*Innen des Hauses überall spüren, obwohl er gemäß der damalig üblichen Verhältnisse immer noch sehr aufwändig und repräsentativ war.

Das Wohn- und Esszimmer im ersten Stock wirkt bürgerlich familiärer. Repräsentativer Prunk wie im Goethehaus findet sich nicht. Die sehr auf die Etikette achtende Ehefrau Schillers Charlotte Luise Antoinette, geborene von Lengefeld, die mit adeliger Abstammung einen Bürgerlichen geheiratet hatte, empfing im Salon, der nichts von der Pracht der Gesellschaftsräume im Goethehaus ausstrahlt.

Die Wohnräume der Familie schließen sich an. Sie sind eng, eigentlich nur als Schlafzimmer nutzbar, hier die Schlafecke der Hausfrau und Mutter, in deren unmittelbarer Nähe die Kinder untergebracht waren. Die Tochter Caroline ist als Fünfjährige auf einem an der Wand hängenden Bild dargestellt.

Ausgestellt sind Kinderzeichnungen, z. B. die vielleicht Goethe darstellende oder das wahrscheinlich von Schillers Sohn Ernst selbst getuschte Reisespiel.

Friedrich Schillers Räume befinden sich im Mansardengeschoss unter dem Dach. In dieses Geschoss hatte Goethe in dessen Stadthaus, wie Thomas Wolfe sich ausdrückte, seine Frau mit den Kindern »verbannt«. Hier im Mansardengeschoss konnte Schiller in aller Ruhe arbeiten, ohne dass er das Leben seiner Familie, insbesondere den mit Lautstärke verbundenen Tatendrang der Kinder, einschränken musste. Sein Empfangszimmer ist weniger repräsentativ als das Goethes, dafür behaglicher eingerichtet, was Schiller nicht hindern sollte, bei ungebetenen Gästen wirsch den Besuch zu beenden. Repräsentieren war seine Angelegenheit nicht.

Allerdings liebte er die Geselligkeit in einer wenig förmlichen, dafür vertrauteren Atmosphäre. Diese pflegte er im angrenzenden Gesellschaftszimmer, einem „gemütlich" eingerichteten Raum mit Spieltisch und kleinem Klavier, kein Flügel wie im Junozimmer.

Im hinteren Bereich der Mansarde betreten wir das Arbeitszimmer, dessen zentrales Möbel, wie sollte es bei einem Dichter anders sein, der Schreibtisch ist. Die links zu sehende Weltkugel ist kein Erd-, sondern ein Himmelsglobus. Die Betrachter*In muss sich in die Kugel hineinversetzen, um den Sternenhimmel verzerrungsfrei sehen zu können, was auch für idealistische Dichterhimmel eine lebensnahe Position ist, die sich sowohl bei Friedrich Schiller als auch bei Thomas Wolfe ein Leben lang bewährte.

Schiller benötigte keine große Bibliothek, er legte keine großen Forschungssammlungen an und betrieb kein Laboratorium. Schlicht, er schrieb, nicht mehr und nicht weniger, ein Schriftsteller im besten Sinne des Wortes, einer im Geiste Wolfes.

In diesem Zimmer schrieb er das am 17. März 1804 in Weimar uraufgeführte Schauspiel Wilhelm Tell. Der Regisseur der Uraufführung hieß Johann Wolfgang von Goethe.

Hier verstarb Schiller am 9. Mai 1805 im fünfundvierzigsten Lebensjahr. Thomas Wolfe verstarb am 15. September 1938 im siebenunddreißigsten Lebensjahr in Baltimore. Maryland.

Nachdem wir das Schillerhaus besucht haben, sind wir überzeugt, dass es Wolfe gefallen hätte. Spekulationen jedoch sind unsinnig. In seinen Briefen erwähnte er Schiller nie, Goethe dafür mehrfach.

Und doch bleibt die Frage, warum ein Tourist in literarischen Angelegenheiten, der aus politisch-pädagogischen Gründen von der Tochter eines Kenners der deutschen Literatur – der amerikanische Botschafter schätzte Schiller sehr – nach Weimar geführt worden war, Schillers Wohnhaus mied?

Die Feierlichkeiten zum 175. Geburtstag Schillers im Jahr 1934 waren noch nicht lange vorbei, als Wolfe in Weimar ankam. Am 11. November 1934 legte Hitler rote Rosen auf Schillers Bett. Der „deutsche Genius des 20. Jahrhunderts" verbeuge sich vor dem Genius des 18. Jahrhunderts, war im Völkischen Beobachter zu lesen. Aus Anlass des Schillergedenkens 1934 sagte Hitler seine finanzielle Unterstützung für den Erweiterungsbau des Goethemuseums zu, eine zutiefst opportunistische Anbiederung an das konservativ nationalistisch eingestellte Bildungsbürgertum. Dabei gilt Schiller zurecht als Dichter der Freiheit, der Freiheit des Volkes, der Nation und vor allem des Individuums. Sein Wilhelm Tell ist dafür ein gutes Beispiel. Die – nicht nur – deutsche Arbeiterschaft las Schiller in diesem Sinne. Doch die Eingängigkeit seiner Sprache und die pointensicheren Dialoge ließen ihn zu einem Kulturgut werden, das als Trophäe vom Bildungsbürger vor sich hergetragen werden konnte. Er wurde zum Träger einer bürgerlich nationalkonservativen obrigkeitshörigen Gesinnung gemacht, deren Bildung sich im auswendigen Dahersagen von unendlich langen Gedichten wie Das Lied von der Glocke erschöpfte und gerade mit solchem Proto- und Pseudo-Wissen die Beschäftigung mit dem Stoff, den Themen und Ideen verhinderte. Viele seiner Sentenzen fanden Eingang in Spruchsammlungen, in Lesebücher und in den Abiturprüfungsstoff, einem dann letztlich leeren Wissen, das mit Bildung im aufklärerischen Sinne nichts mehr zu tun hatte.

Diese Instrumentalisierung Schillers als Kulturguttrophäe ließ sich wunderbar für die Propagandazwecke der Nazis nutzen. Einen Tag nach Hitlers Rosenniederlegung auf Schillers Bett erschien am 12. November 1934 in der Illustrierten Zeitung aus der Feder des Germanisten und Literaturwissenschaftlers Hermann August Korff: »Schiller ist nicht nur der große Dichter sittlicher Weltanschauungen und des Glaubens an die Weltmacht des Sittlichen, sondern (das Entscheidende) auch der Selbstherrlichkeit sittlichen Menschentums. Und er ist in diesem Sinne die Vollendung des Christentums aus dem Geiste des Germanentums. Sittliche Lebensauffassung ist auch Bestandteil christlicher Kultur, wie jeder höheren Kultur überhaupt. Aber germanischen Geistes ist es, dass sittliches Menschentum sich selbst genügt und zu seiner Existenz weder eines christlichen Himmels als Motiv nach göttlicher Gnade zu seiner „Rechtfertigung" bedarf. Denn der Germane lebt des Glaubens, dass es genügt, sich immer mit seinen besten Kräften einzusetzen und zu streben, das getan zu haben, was der Mensch sich selber schuldig ist.«[83]

Adolf Hitler wählte in seinem Machwerk „Mein Kampf" als Überschrift des achten Kapitels aus dem Wilhelm Tell den Spruch »Der Starke ist am mächtigsten allein«[84] aus. Im Dezember 1934 lief in den deutschen Kinos der Film Wilhelm Tell an, einem weiteren Propagandamachwerk der nationalsozialistischen deutschen Filmindustrie, das nur sehr entfernt mit dem Schiller'schen Stoff etwas zu tun hatte.

Ist unter solchen Umständen der Verzicht auf den Besuch von Schillers Wohnhaus nicht geradezu eine politisch-künstlerische Pflicht eines jeden humanistisch denkenden und fühlenden Menschen? Solcher Instrumentalisierung der Dichtkunst durch eine brutalste Weltanschauung musste sich ein aufgeklärter und aufklärender Schriftsteller wie Thomas Wolfe entziehen! Zur nationalsozialistischen Heiligenverehrung des „Germanen" Schiller passte die als Geschenk zu seinem 175. Geburtstag 1934 vermachte „blonde Schillerlocke", die in einer Vitrine zu sehen ist.

Welche Blüten die völkische Ideologie treiben konnte zeigt ein Zitat von Bernhard Hoetger. Der nordische Mensch habe vergessen, »dass er einige hundert Jahre von der Kultur des Westens gelebt, hat vergessen, dass in ihm der vertikale Sinn lebt, der Sinn hinauf zur Sonne, im Gegensatz zu dem Sinn der Völker, die die Glut der Sterne fürchten, sich abdecken im horizontalen Schutz – so sich fließen lassen ins horizontale Erleben. Man kann behaupten, dass alle vertikale Schöpfung von nordischem Geist gezeugt wurde und alle horizontalen von morgenländischem.«[85] Selbst der Himmelsglobus auf Schillers Schreibtisch ließ sich „völkisch" interpretieren! Die Beschäftigung mit Schillers Werk, die Auseinandersetzung mit all den darin enthaltenen Ambivalenzen, Perspektiven und Widersprüchen konnte dem Projekt einer umfassenden Umdeutung aller Lebensbereiche im Sinne der Naziideologie nur schaden. Der Pomp um Schiller'sche Artefakte vom Himmelsglobus über die Schillerlocke bis zu Schillers Gebeine war ein gelingendes Ablenkungsmanöver der Nazis, um dem Bildungsbürger sein Kulturgut als Trophäe zu lassen und ihn nationalsozialistisch zu vereinnahmen. Wie naiv Starkult auch daherkommen mag, die »Schillerlocke aus dem Nachlasse von Goethes Secretär Kräuter Geschenk von Fräulein Anna Saeltzer, Weimar, zum 175. Geburtstage Schillers.« mag ein Beispiel sein. In einem totalitären Staat ist er alles andere, nur nicht naiv unpolitisch.

Wir verlassen Schillers Wohnhaus und setzen unseren Spaziergang durch das Städtchen fort. Unweit des Schillerhauses erreichen wir den Platz vor dem Deutschen Nationaltheater, wo am 6. Februar 1919 die Deutsche Nationalversammlung erstmalig tagte, das Parlament der ersten freiheitlichen Demokratie auf deutschem Boden. Davor das berühmte Goethe-Schiller-Denkmal. Noch heute wird dem Denkmal angekreidet, dass es Goethe und Schiller nicht in ihrer wahren Größe darstelle. Schiller war tatsächlich einen Kopf größer als Goethe, aber ist das die Größe, die die schöpferische Kraft eines künstlerischen Werkes symbolisiert? Dass der „Germane" Schiller größer als der Freimaurer Goethe war, sollte den Nazis ein sichtbarer Tatsachenbeweis der größeren Größe Schillers im Vergleich zu Goethe sein. Die Größe Schillers war ja offensichtlich, wer könnte an dieser Tatsache zweifeln? Wird nur oft genug wiederholt, dass Schiller größer als Goethe war, pflanzt es sich in die Köpfe ein und wird Generationen später noch immer den Tourist*Innen bei einer Führung durch die Stadt vermittelt. Rassismus in homöopathischer Dosierung? „Das darf man ja mal sagen dürfen, schließlich war Goethe kleiner als Schiller!"(?). Wir stecken mitten drin in der Praxis der so geschmähten „politischen Korrektheit".

Und wieder fragen wir uns, warum diese Auslassung bei Thomas Wolfes Spaziergang vom Goethehaus zur Fürstengruft? Warum gingen er und Martha Dodd durch die Stadt, obwohl der Weg vom Goethehaus zur Fürstengruft aus der Stadt hinaus geführt hätte, hätten sie keinen Umweg durch die Stadt gemacht? Von Goethes Gartenhaus mussten sie zum Goethehaus in nordwestlicher Richtung laufen. Um weiter durch die Stadt zu gehen hätten sie die Richtung beibehalten müssen. Die Fürstengruft mit den Särgen Goethes und Schillers liegt vom Goethehaus gesehen in südsüdwestlicher Richtung! Warum sah der Goethetourist Wolfe dieses hochberühmte Doppelstandbild nicht? Konnte er es übersehen haben?

Nietzsche-Archiv

Vom Goethe-Schiller-Denkmal aus gesehen befindet sich die Fürstengruft in fast genau südlicher Richtung. Etwa in gleicher Höhe wie die Fürstengruft, nur etwas westlicher, befindet sich in bequemer Laufweite das Nietzsche-Archiv. Wenn Thomas Wolfe und Martha Dodd durch die Stadt gegangen sind, hätten sie leicht auf dem Weg zur Fürstengruft diese Hauptpilgerstätte der Faschisten und Nazis in Weimar besuchen können. Martha hatte Der Antichrist. Fluch auf das Christenthum von Friedrich Nietzsche in der amerikanischen Übersetzung von Henry Louis Mencken gelesen. Auch Wolfe hatte wahrscheinlich seine indirekten Erfahrungen mit Nietzsches Übermenschen gemacht: in James Joyces Ulysses und im Stück Mensch und Übermensch von George Bernhard Shaw, das er 1928 in einem Münchener Theater gesehen hatte.

Menckens lehnte 1929 die Veröffentlichung von einigen Abschnitten aus *Look Homeward, Angel* ab. Wolfe schrieb dazu: »Mr. Menckens Brief freut mich sehr – sein Lob hält sich in gemäßigten Grenzen, aber dafür darf man es wohl als bare Münze nehmen; ich glaube nicht, daß solche Briefe für ihn eine Formsache sind. Und natürlich ist es für einen Schriftsteller außerordentlich wertvoll, wenn Mencken an seine Arbeit glaubt.«[86] In Wolfes 1935 gerade erschienenen *Of Time and the River* ist zu lesen:»H.L. Mencken. Der Kritiker mit dem breitesten Spektrum und Einfluss«.[87] Ernest Hemingway schreibt in seinem Erstlingsroman Fiesta von 1926:»So viele junge Leute bekommen ihre Vorlieben und Abneigungen im Leben durch Mencken.«[88] Der einflussreiche Mencken hatte 1907 ein Buch mit dem Titel The Philosophy of Friedrich Nietzsche veröffentlicht. Wegen seiner deutlichst vorgetragenen Sympathie für Deutschland im Ersten – und dann auch im Zweiten – Weltkrieg, auch seine leichtfertigen und relativierenden Verharmlosungen nationalsozialistischer Verbrechen trugen ihm in den USA heftige Kritik ein. Einige seiner Tagebucheintragungen künden von seiner antisemitischen und rassistischen Grundeinstellung, die allerdings auch in den USA von der breiten Bevölkerung geteilt wurde.

Hoch erhoben über der Stadt lag 1935 das Nietzsche-Archiv gegenüber dem ebenfalls über der Stadt errichteten Goethe- und Schiller-Archiv. Sah man von einem zum anderen Archiv, lag die Stadt Weimar dem Betrachter vollständig zu Füßen.

Google gibt für die Fußgänger*In eine Entfernung von 1,3 km und eine Laufzeit von 18 Minuten an. Der Laufweg vom Nietzsche-Archiv zur Fürstengruft wird mit 1,0 km und einer Laufzeit von 13 Minuten angegeben. Für gesunde junge Menschen wirklich keine Entfernungen, die nicht nebenbei gemacht werden könnten. Setzen wir den Weg vom Goethehaus über die Schillerstraße hinzu: 450 Meter im bequemen Lauf in fünf Minuten zu schaffen, haben wir eine Gesamtlaufzeit von sechsunddreißig Minuten erreicht. Der direkte Weg vom Goethes Wohnhaus zur Fürstengruft sind 700 Meter, wofür der Fußgänger 10 Minuten benötigt und das Stadtzentrum verlassen muss. Wohin in der Stadt spazierte Wolfe in Begleitung von Martha Dodd?

Wir jedenfalls setzen unseren Gang durch die Stadt mit dem leichten, kurzen Aufstieg auf den Hügel des Nietzsche-Archivs fort. Freilich ist der Hügel nun vollständig bebaut, so dass die freie Sicht eingeschränkt ist. Weimar liegt uns nicht zu Füßen! Darum aber war es der Gründerin des Nietzsche-Archivs Elisabeth Förster-Nietzsche, der Schwester des Philosophen, sehr wohl gelegen. Elisabeth heiratete 1885 den nationalistischen und entschieden antisemitischen Gymnasiallehrer Bernhard Förster, um mit ihm in das ferne Paraguay zur Gründung eines „Nueva-Germania" auszuwandern. Nicht zuletzt scheiterte das Siedlungsprojekt an seiner völkisch nationalistischen Prägung. Ihr Mann beging Selbstmord, die Witwe konnte den verbliebenen Rest der Kolonie nicht zusammenhalten. Im Juli 1893 kommt sie endgültig zurück nach Deutschland. Die nicht mehr ganz junge siebenundvierzigjährige Witwe stand vor dem Nichts und musste im Haus ihrer Mutter Franziska Nietzsche, die ihren „umnachteten" Sohn Fritz seit vier Jahren pflegte, Unterschlupf finden. Elisabeth aber hatte eine Idee und zupackend wie ihr Wesen war, ging sie sofort über, ihren Plan in die Wirklichkeit umzusetzen. Sie würde alle Schriften ihres Bruders zusammensuchen, würde die Schriften Nietzsches herausgeben und seine Biographie schreiben. Für die damalige Zeit eine höchst ungewöhnliche Idee, was sie gegen alle Widerstände wahrscheinlich zur ersten wissenschaftlichen Leiterin eines Philosophischen Archives werden ließ. Zweimal landete Elisabeth Förster-Nietzsche auf der Vorschlagsliste für den Literaturnobelpreis. 1894 gründet sie das Nietzsche-Archiv im Naumburger Wohnhaus der Mutter, deren schmale Verdienste durch Zimmervermietungen völlig versiegt waren, weil ihr kranker Sohn Friedrich oftmals laut schreiend das ganze Haus in Unruhe versetzte. Die Mutter und nicht zuletzt Elisabeths Bruder mussten sich in ihr Schicksal fügen. Am achtundsechzigsten Geburtstag ihrer Mutter überraschte sie sie mit den bereits fertig eingerichteten Archivräumen im Naumburger Wohnhaus.

Fleißig wie sie war, klug, strategisch, geschäftstüchtig machte sie sich an die Arbeit. 1896 durfte sie feststellen, dass es 1. das Nietzsche-Archiv gab, dass sie 2. Schuldnerin geworden war, dass sie 3. einen Vorschuss für ein noch nicht zusammengestelltes Buch bekommen hatte und dass sie 4. nach Weimar gehen musste.

Weimar?

1895 war erfolgreich eine Schrift mit dem Titel Friedrich Nietzsche – Ein Kämpfer gegen seine Zeit erschienen, der Autor: Rudolf Steiner, der künftige Begründer der Anthroposophie. Von 1890 bis 1897 arbeitete er mit an der Herausgabe von Goethes naturwissenschaftlichen Schriften durch das Goethe-Schiller-Archiv. Elisabeth Förster-Nietzsche gewährte ihm Einsicht in die unveröffentlichte Autobiographie ihres Bruders Ecce Homo. Am 22. Januar 1896 durfte er in Naumburg den schwer erkrankten ehemaligen Philosophen besichtigen. Die Archivleiterin überlegte, ihm die (Mit)Herausgeberschaft anzutragen. Der im Goethe-Schiller-Archiv arbeitende Steiner könnte genauso gut, wenn nicht besser, im Nietzsche-Archiv tätig sein. Warum dann nicht auf den Hügel gegenüber ziehen?

1896 zog das Nietzsche-Archiv nach Weimar in die Villa Silberblick um, wie gewünscht auf den Hügel gegenüber dem Goethe-Schiller-Archiv mit der Stadt Weimar zu ihren und ihres Bruders Füßen.

Äußerst geschickt verstand Elisabeth Förster-Nietzsche, die Schriften ihres Bruders herauszugeben, sie zusammenzustellen und den Mythos vom Genie ihres Fritz zu gestalten. Nach dem Tod der Mutter nahm sie 1897 den kranken Bruder zu sich nach Weimar, wo er als gralsartige Heiligenfigur seines eigenen Genies eingeweihten handverlesenen Besuchern vorgeführt wurde.

Friedrich Nietzsche verstarb am 25. August 1900 im ihm gewidmeten Archiv als Museumsstück und Teil des Inventars.

„Übermensch", „Wille zur Macht", „Menschenzüchtung", „Herrenmoral", „Blonde Bestie", wie die Schlagworte auch sein mögen, dazu die geschickte Vermarktung des schweren Schicksals ihres Bruders in Kombination mit ihrer vom Genie höchstpersönlich autorisierten Wächterschaft über den Jenseits von Gut und Böse schwebenden Geist des Werkes, das zu vollenden ihre Lebensaufgabe sei, führten in für diese Schlagworte aufnahmebereiten Menschen zur weiten Verbreitung und zum großen Erfolg ihres speziellen Angebotes, wie Friedrich Nietzsche zu verstehen wäre.

Willig ließ sich das Nietzsche-Archiv faschistisch und nationalsozialistisch vereinnahmen. Benito Mussolini, ein begeisterter Nietzscheleser, pilgerte genau wie Adolf Hitler auf den Hügel. Dem „Führer" schenkte sie gar den Spazierstock ihres geliebten Bruders. Wir erreichen das Nietzsche-Archiv auf dem Hügel. Die Besucher*In spürt sofort die besondere Atmosphäre der ehemaligen Weihestätte, ein behagliches, durch die innenarchitektonische Gestaltung bewusst inszeniertes angenehmes Gefühl, das sich gerne einlässt auf den „Genius". Hier ist es hell, die Linien geschwungen, leicht das Möbel, pastellig zart die Farben, alles andere, nur nicht dumpf, schwer, roh und dunkel.

Auf der Homepage der Klassik Stiftung Weimar ist zu lesen: »Innenarchitektur und Ausstattung zählen zu den gelungensten Schöpfungen des belgischen Architekten und Designers«[89] Henry van de Velde. Die Ausstattung gefällt, ist hübsch, zeigt Geschmack, ist frei von Hässlichkeit, Jugendstil durch und durch, ganz der künstlerischen Programmatik van de Veldens entsprechend. Die Räume sind als Gesamtkunstwerk gestaltet, in deren symbolischem und ideologischem Zentrum die Nietzsche-Herme Max Klingers steht. Jedes Detail ist genauestens ausgeführt. Der Personenkult wird auf höchstem gestalterischem Niveau betrieben. Frei von Hässlichkeit lässt sich im schönen Gewand die brutal gemeine faschistische Interpretation des „Übermenschen" dem kunstsinnigsten „Herdenmenschen" nahebringen, wenn er nur gewillt und bereit ist, sich anrühren zu lassen. Das Verbrechen suchte die Anmutung von Schönheit, Freundlichkeit und Kultiviertheit. Hitler verstand sich als Künstler. Als Künstler ließ auch er sich von der schönen Behaglichkeit des Weiheortes anrühren, immer wieder und in gnadenvoller Huldigung durch die Herrin des Hauses Elisabeth Förster-Nietzsche.

Der Ort war ganz auf das bürgerliche Gemüt abgestimmt, dieser sehr den erwarteten Konventionen entsprechenden spezifisch deutschen emotional-sinnlichen Verfasstheit der – vermuteten – nationalen Seele. Es verstand sich als Widersacher der kalten Vernunft und berechnenden Intelligenz „des Westens", meinte sich

warm, verstehend, gefühlsreich, zugewandt, tief, als Kumulations-
punkt der seelisch-leiblichen Innerlichkeit. Es ließ zu Rührseligkeit,
Selbstmitleid und Weinerlichkeit neigen. In solcher Stimmung bedurfte es nur eines kleinen Anlasses, um in brutale Raserei zu ver-
fallen, ohne dass die Behaglichkeit des Sitzplatzes hätte aufgegeben
werden müssen.

In solch kultiviert bürgerlich gemütlicher Atmosphäre fielen die
Ideen eines fundamentalen Unterschiedes von „warmer und tiefer" Kultur der Deutschen und „kalter und flacher" Zivilisation
„des Westens" und die fixe Idee des „Untergangs des Abendlandes" auf fruchtbaren Boden. Der Autor von Der Untergang des
Abendlandes Oswald Spengler – übrigens einem großen Goethe-
und Nietzsche-Liebhaber – trug hier mehrfach vor. Wir hören, was
Spengler selbst zum Thema zu sagen hatte: »Eine Kultur wird in
dem Augenblick geboren, wo eine große Seele aus dem urseelen-
haften Zustande ewig-kindlichen Menschentums erwacht (…). Sie
erblüht auf dem Boden einer genau abgegrenzten Landschaft, an
die sie pflanzenhaft gebunden bleibt. (…) Ist das Ziel erreicht (…),
stirbt sie ab, ihr Blut gerinnt, ihre Kräfte brechen – sie wird zur Zivilisation.«[90] »Der Untergang des Abendlandes, so betrachtet, be-
deutet nichts Geringeres als das Problem der Zivilisation.«[91] Welcher kultivierte Mensch wollte da nicht Kultur und Gemüt haben,
statt zivilisiert zu sein? Solche Kultur und solches Gemüt führten
im Geiste des Faschismus in den Kampf zur Abwehr des „Untergangs des Abendlandes", einem Kampf, der zivilisiert nicht sein
durfte, weil er zivilisiert nicht geführt werden konnte! Es ging um
das Überleben der Kultur, ums Ganze! Da spielten zivilisatorische
Errungenschaften wie Freiheit, Gleichheit, Brüderlichkeit, die Menschenrechte und die Würde des Menschen keine Rolle mehr! Kultur ließ sich nun als Standarte in den Krieg tragen. Goethe, Schiller,
Nietzsche wurden zu Fahnen unter dem Banner des Hakenkreu-
zes, auf das der Fahneneid geleistet wurde.

Wir verlassen das Nietzsche-Archiv und laufen Richtung Fürstengruft.

Das Goethe'sche Gartenhaus, die Bibliothek, das Arbeits- und

Schlafzimmer im Goethehaus, das Schiller'sche Wohnhaus und das Nietzsche-Archiv gefallen uns gut, zweifellos, wir lassen uns anrühren von der sich darin ausdrückenden Kultur. Die Repräsentationsräume des Goethe'schen Stadthauses gefallen uns weniger gut. Sind sie ungemütlich? Zu kalt? zu sehr mit Zivilisation repräsentierenden Dingen angefüllt? Ist unser Habitus noch zu kultiviert und zu wenig zivil? zu deutsch?

Es besteht kein Zweifel, dass sich Thomas Wolfe von der deutschen Kultur anrühren ließ. Gerade ihre zivilisatorischen Leistungen schätzte er hoch ein: ihre Aufklärung, ihren Sturm und Drang, ihren Idealismus, ihren Humanismus, ihre Freiheitsbegeisterung, ihre Freundlichkeit, ihren Sinn für Schönheit, ihre Innerlichkeit und auch ihre Gemütlichkeit … Das machte in seinen Augen die deutsche Kultur aus, nicht das Antihumane, Brutale, Menschenfeindliche, Antizivilisatorische einer reaktionär faschistisch und völkisch gewendeten Kulturpraxis des Nationalsozialismus. Der Amerikaner hatte sich von den Anmutungen überwältigen lassen. Martha Dodd wäre im ersten Jahr ihres Deutschlandaufenthaltes 1933 fast den Anmutungen erlegen. Ihr Vater, der große Bewunderer und scharfe Analytiker der deutschen Kultur, hat aus guten Gründen dem anmutungsempfänglichen, vielleicht politisch naiven Thomas Wolfe, zum Schutz vor den Anmutungen der Inszenierung des Authentischen im Schillerhaus und im Nietzsche-Archiv, keine Gelegenheit bieten wollen, auf den Geschmack zu kommen. Erfolg und Anerkennung ließen Wolfe in Berlin empfänglich werden. Die Bewahrung vor dem zerstörenden Rauschgift der Anmutungen durch die damalige deutsche Kultur könnte die väterliche Aufgabe für den Freund seiner empfänglich gewesenen Tochter gewesen sein. Wahrscheinlich lotste er die kleine Reisegruppe einfach um die Orte der Verführung, wo die Drogendealer so sanft lockten, herum, was vor allem für das Schillerhaus und Nietzsche-Archiv galt. Mit den Goethegedenkstätten war das eine andere Sache geblieben, weil trotz vieler Bemühungen in der Inszenierung der letzte Rest des Freidenkers, Humanisten, Menschenfreunds, Aufklärers und

Bekenners der amerikanischen Ideale Johann Wolfgang Goethe, der widersprüchliche, ambivalente, kritische Mensch jenseits des Geniekultes, nicht ganz hat zugeschüttet werden können.

Fürstengruft

Gegenüber vom Nietzsche-Archiv gehen wir durch die Wilhelm-Külz-Straße nach Osten bis zur alten Steinmauer des Historischen Friedhofs. Prächtige Gründerzeitvillen rechts und links begleiten uns. Immer der Friedhofsmauer aus gebrochenem Stein entlang laufen wir nach Norden, biegen ihr folgend wieder nach Osten ab und betreten durch ein schweres Eisentor den alten Friedhof. Insbesondere an der Bruchsteinmauer finden sich verwitternde Grabsteine und Gedenktafeln.

Es ist schattig, angenehm kühl, ein Duft nach feuchter Erde. Der Weg zur Fürstengruft führt in gebührendem Abstand zur begrenzenden Friedhofsmauer über eine blickachsige Allee. Man kann nur sehr schemenhaft an ihrem Ende die Treppe hinauf zum Mausoleum sehen. Die Fürstengruft liegt in einem eigens aufgeschütteten Hügel. Hinter dem klassizistischen Mausoleum schauen die golden-grünlich schimmernden Zwiebeltürmchen der Grabkapelle für Großherzogin Maria Pawlowna hervor.

Die Eingangshalle ist mit einer schimmernden Sternenzeltkuppel überdacht. In der Mitte des Raums öffnet sich ein runder umgitterter Durchbruch des Steinbodens zur Gruft. Wer genau schaut, erahnt die Särge der Toten.

Wir steigen die Treppe hinab in den Bauch des Erdhügels. Wie vielleicht Millionen Besucher*Innen vor uns betreten wir die Gruft.

und besuchten die Gruft, in der Goethe und Schiller Seite an Seite beigesetzt sind,[92]

Etwas abseits der den Raum fast ganz anfüllenden Särge der Fürstenfamilie sieht man nahe der Tür zur Treppe links die eichenen Särge von Goethe und Schiller. Heute sind nur wenige Besucher*Innen gekommen. Still ist es, andächtig kaum. Vom Pomp vergangener Tage ist nichts mehr zu sehen. Schaut man sich um und sieht die enge Stapelung der fürstlichen Särge, bewegen wir uns in einer besonderen Art von Lagerungskeller. Vor Schillers – im Übrigen leeren – Sarg liegt eine Rose. 1935 allerdings war man noch überzeugt, dass das in Schillers Sarg befindliche Skelett die Gebeine des Dichters wären, was sich jedoch nach moderner genetischer Analytik als Falschbehauptung herausstellte.

Vor dem Schiller'schen Sarg liegt eine rote Rose, keine vor dem Goethes.

Martha Dodd erinnert sich an ihren Besuch zusammen mit Thomas Wolfe:»Schließlich gingen wir zu seinem und Schillers Grab. Es lagen sehr wenige Blumen auf Goethes Grab, aber Schillers Grab war überschüttet, fast verdeckt von Blumengebinden seiner Bewunderer, unter denen sich auch nationalsozialistische Vereinigungen befanden. Daneben stand eine (…) Blutbuche mit herrlich reichem, rotem Laub, als ob sie brennend dem Herz des Dichters entsprungen wäre.«[93]

Mit Rosen hatte der „Führer" Schiller über- und verschüttet. Goethe war dieses traurige Schicksal erspart geblieben.

Überhaupt hat es mit dem Schädel Schillers in Weimar eine ganz besondere Bewandtnis, die sehr an einen guten Kriminalroman erinnert. Friedrich Schiller wurde 1805 im Kassengewölbe des Jakobskirchhofes beigesetzt. Die Friedhofsverwaltung ließ 1825 verlautbaren, dass der Platz für neue Beisetzungen zu klein geworden sei. Im März 1826 barg der damalige Weimarer Bürgermeister in aller Heimlichkeit mit einigen Helfern dreiundzwanzig Schädel. Die geborgenen Schädel wurden mit der Totenmaske Schillers verglichen, auch zog man Personen zurate, die Schiller persönlich gut gekannt haben, um anhand der äußeren Merkmale den herauszufinden, welcher der Schillers war.

Am 24. September 1826 überreichten zwei Boten Goethe den Schiller'schen Schädel. Der machte sich sofort an die Arbeit, suchte und fand den Zwischenkieferknochen in Schillers ehemaliger Mundhöhle. Goethe wäre kein Dichter, hätte er das Ereignis nicht in einem Gedicht festgehalten:

»IM ERNSTEN Beinhaus wars, wo ich beschaute, | Wie Schädel Schädeln angeordnet paßten; | Die alte Zeit gedachte ich, die ergraute. | Sie stehn in Reih geklemmt, die sonst sich haßten, | Und derbe Knochen, die sich tödlich schlugen, | Sie liegen kreuzweis, zahm allhier zu rasten. | Entrenkte Schulterblätter! Was sie trugen, | Fragt niemand mehr, und zierlich tätge Glieder, | Die Hand, der Fuß, zerstreut aus Lebensfugen. | Ihr Müden also lagt vergebens nieder, | Nicht Ruh im Grabe ließ man euch, vertrieben | Seid ihr herauf zum lichten Tage wieder, | Und niemand kann die dürre Schale lieben, | Welch herrlich edlen Kern sie auch bewahrte. | Doch mit Adepten war die Schrift geschrieben, | Die heilgen Sinn nicht jedem offenbarte, | Als ich inmitten solcher starren Menge | Unschätzbar herrlich ein Gebild gewahrte, | Daß in des Raumes Moderkält und Enge | Ich frei und wärme-fühlend mich erquickte, | Als ob ein Lebensquell dem Tod entspränge, | Wie mich geheimnisvoll die Form entzückte! | Die gottgedachte Spur, die sich erhalten! | Ein Blick, der mich an jenes Meer entrückte, | Das flutend strömt gesteigerte Gestalten. | Geheim Gefäß! Orakelsprüche spendend, | Wie bin ich wert, dich in der Hand zu halten? | Dich höchsten Schatz aus Moder fromm entwendend | Und in die freie Luft, zu freiem Sinnen, | Zum Sonnenlicht andächtig hin mich wendend. | Was kann der Mensch im Leben mehr gewinnen, | Als daß sich Gott-Natur ihm offenbarte? | Wie sie das Fest läßt zu Geist verrinnen, | Wie sie das Geisterzeugte fest bewahrte.«[94]

Goethe bewahrte Schillers Schädel eine geraume Zeit im Gartenhäuschen seines Stadthauses auf. Die Betrachtung des Schiller'schen Schädels erfolgte in der Weise eines gelehrten Anatoms. Nicht nur, dass Goethe den Zwischenkieferknochen suchte und fand, er nutze wahrscheinlich auch die kraniometrischen Methoden des Wundarztes Petrus Camper, den er schätzte und mit dem er in Korrespondenz stand. Camper entwickelte eine Methode, mit der er das Vorspringen des Kiefers vor die Stirn exakt messen und quantifizieren konnte. Der angulus facialis – Gesichtswinkel – wurde von ihm in langen Messreihen an vielen Spezies und Individuen bestimmt und ausgewertet. Affen zeigten einen sehr spitzen, Afrikaner einen spitzen und Europäer einen weitgehend rechtwinkeligen Gesichtswinkel.

Doch blieb Camper nicht bei den Messreihen stehen. Eingedenk der idealen humanistischen Schönheitsidee, die Johann Joachim Winckelmann z. B. im Apollo von Belvedere und der Juno Ludivisi verkörpert sah, vermaß Camper auch den Schädel der Apollo-Plastik und ermittelte einen Winkel von über 100°. Camper war nun überzeugt, ein Maß für die Schönheit eines Menschen in der Hand zu haben und zugleich ein Maß, das die Menschwerdung vom Affen über den Afrikaner zum Europäer quantitativ abbilden könne, um letztlich zum idealen ästhetischen Ebenmaß des Wahren-Schönen-Guten zu gelangen. Goethe war von seinem Zeichenlehrer Oeser in die Winckelmann'sche Kunsttheorie eingeführt worden und er kannte die Studien Campers zum Gesichtswinkel. Als in der Geomorphogenese geschulter Naturwissenschaftler betrachtete er den Schiller'schen Schädel unter dem Aspekt, wie aufgrund der Morphologie des Schädels auf den Charakter und auf den Geist des ehemaligen Menschen zu schließen sei. Mit dem Umweg über die Ästhetik konnte im weiteren Verlauf sich eine biologistische Rassenlehre entwickeln, die sich dann sogar auf „objektive" Messergebnisse stützen konnte. Was jedoch vergessen wurde, war, dass die Referenz für das Ebenmaß ein Kunstwerk und zwar ein ganz bestimmtes Kunstwerk – der Apollo von Belvedere – war und kein lebendiger leiblicher Mensch!

Die prominentesten deutschen Anhänger Campers waren Carl Gustav Carus und Franz Joseph Gall. Gall reiste kurz nach Schillers Tod 1805 nach Weimar, um über die Camper'sche, nun Gall'sche Schädellehre vorzutragen. Der Zusammenhang von ästhetischer Norm und geistig-charakterlicher Primitivität und Idealität anhand der Gall'schen Kraniometrie wurde zur damaligen Zeit breit diskutiert und gelangte sogar in Hegels Phänomenologie des Geistes und in dessen Schriften zur Ästhetik. Ob der Hegel-Leser Wolfe sich dieser Passagen erinnerte sei dahin gestellt.

1804 wurde in Weimar August von Froriep geboren. Der in Tübingen lehrende Anatom stieg 1911 erneut in das Kassengewölbe des Jakobskirchhofs ein, barg alle dort befindlichen Schädel und bestimmte einen, der wahre Schädel Schillers zu sein.

Der Streit um die Echtheit des einen wie des anderen Schädels legte man bei, indem kurzerhand beide Schädel, die als die wahren Schiller'schen Schädel identifiziert worden waren, in den Schiller'schen Sarg kamen. Als Thomas Wolfe und Martha Dodd 1935 in der Fürstengruft vor den Särgen Goethes und Schillers standen, befanden sich zwei Schädel in dem Schillers!

Doch war August von Froriep nicht irgendein Anatom. Sein Großvater Ludwig Friedrich von Froriep galt als begeisterter Anhänger der Gall'schen Schädellehre. Johann Gottfried Herder traute das Ehepaar von Froriep 1801 in Weimar, wo Ludwig Friedrichs Schwiegereltern mit ihrer Tochter lebten. Nach einigen Ortswechseln gelangte Ludwig Friedrich von Froriep 1816 endgültig nach Weimar, wo er in der Position eines Obermedizinalrates in einen engen Austausch mit Goethe trat. Von Froriep war Mitglied der Kommission, die über die Authentizität des Schiller'schen Schädels nach dessen Bergung im März 1826 zu befinden hatte. Im September 1826 bekam Goethe den Schiller'schen Schädel in die Hände. Könnte der fanatische Schädelsammler Ludwig Friedrich von Froriep die Schädel ausgetauscht haben, um in den Besitz des echten Schiller'schen Schädels zu gelangen? Er habe »für den Austausch des Schiller-Schädels durch einen Doppelgänger Zeit, Motiv und Gelegenheit gehabt.«[95], so der Genealoge Ralf G. Hahn heute.

Thomas Wolfe wird über die äußerst verzwickte Situation der Schiller'schen Gebeine nichts gewusst haben. Er wird nichts geahnt haben. Für ihn und die meisten der heutigen Besucher*Innen der Fürstengruft – uns eingeschlossen – war und ist es eine ausgemachte Sache, dass der Inhalt der Särge authentisch (!?) ist, wie es einem Kultort mit Reliquien ordentlicher Weise zukommt … so viel zur Authentizität …

Bauhaus

Wir verlassen das Friedhofsgelände mit der Fürstengruft und spazieren in aller Ruhe zurück in die Stadt. Am schmiedeeisernen Tor wenden wir uns nach rechts. Wir überqueren die Amalienstraße in östlicher Richtung und gelangen in die Geschwister-Scholl-Straße. Nach rechts geht in südliche Richtung die Bauhausstraße ab. Wir stehen vor dem Henry-van-de-Velde-Bau der heutigen Bauhaus-Universität Weimar. Wir drehen uns um 180° und schauen nun auf die ehemalige Kunstgewerbeschule, die ebenfalls nach Plänen von de Veldes erbaut worden war.

Henry van de Velde ist uns noch in Erinnerung als Gestalter der gefälligen Innenarchitektur des Nietzsche-Archivs. Er trat 1902 seine Beratertätigkeit für den Großherzog Wilhelm Ernst von Sachsen-Weimar-Eisenach an. Ihm oblag die Aufgabe, das um die Jahrhundertwende im Herzogtum wenig entwickelte Handwerk neu zu beleben. In klarer Abgrenzung zur benachbarten Großherzoglich-Sächsischen Kunstschule Weimar wurde noch im selben Jahr das Kunstgewerbliche Seminar gegründet, das später zur Kunstgewerbeschule Weimar wurde. Hier genossen die Schüler*Innen eine fundierte handwerkliche Ausbildung, die konzeptionell eine künstlerische Ausgestaltung von Gebrauchsgegenständen zum Ziel hatte, so dass Funktion, Material und Formgebung organisch zusammenfließen konnten. Kriegsbedingt musste die Kunstgewerbeschule 1915 schließen. Als Staatsangehöriger einer feindlichen Nation sah sich van de Velde großem nationalistischem Druck ausgesetzt. Er verließ gedemütigt Deutschland 1917.

Nach Kriegsende wurde 1919 die Großherzoglich-Sächsische Kunstgewerbeschule Weimar und die Großherzoglich-Sächsische Kunstschule Weimar zum Staatlichen Bauhaus Weimar zusammengeführt. Im Konzept des Bauhauses wurde nun ausdrücklich die bereits durch van de Velde vorangetriebene Idee einer Verbindung von Kunst und Handwerk verfolgt. Der Gründer des Staatlichen Bauhauses Walter Gropius stellte sich eine Arbeitsgemeinschaft von Künstler*Innen und Handwerker*Innen vor, in der die Trennung von Handwerk, angewandter Kunst, bildender und darstellender Kunst aufgehoben werden konnte. Insbesondere sollte die Architektur als Gesamtkunstwerk verstanden werden.

Walter Gropius hatte zwar Architektur studiert, es jedoch nicht zum Diplom gebracht, wahrscheinlich, weil seine zeichnerischen Fähigkeiten zu wünschen übrig ließen und er auf die Hilfe von Kommilitonen angewiesen war. 1910 machte sich Gropius als Industriedesigner und Architekt selbstständig. Seine erste bedeutende Arbeit ist das Fagus-Werk in Alsfeld an der Leine. Glas und Stahl in klaren geraden Linien und Flächen bestimmten das Bauwerk, was zur damaligen Zeit einer vollkommen neue Formen- und Materialsprache im Sinne der Neuen Sachlichkeit entsprach. Im weiteren Verlauf wurden Handwerk, Technik, Kunst und industrielle Fertigung zum besonderen Bauhausstil zusammengeführt, der noch heute als der Inbegriff klassisch moderner Architektur gilt. Der Neubau der Bauhaus-Universität Weimar hinter dem Henry-van de-Velde-Bau legt vom Bauhaus-Stil beredet Zeugnis ab.

Der Tag ist schön, im Schatten des Gebäudes sitzen Student*Innen zeichnend, bastelnd, werkelnd.

Nach den Landtagswahlen 1924 kürzte die Landesregierung unter der Führung der Deutschen Volkspartei die dem Bauhaus zur Verfügung stehenden Gelder um die Hälfte. Politisch und finanziell von der borniertem Bürgerlichkeit Weimars unter Druck gesetzt, entschied sich Gropius mit dem Meisterrat zum Umzug des Bauhauses nach Dessau 1925.

Der Name Bauhaus ging mit nach Dessau. Das Bauhaus Weimar hatte aufgehört zu existieren. 1926 wurde die Kunstgewerbeschule umbenannt in Staatliche Hochschule für Handwerk und Baukunst und 1931 in Staatliche Hochschulen für Baukunst, bildende Künste und Handwerk.

Der Direktor bei Thomas Wolfes und Martha Dodds Spaziergang durch Weimar hieß Paul Schultze-Naumburg, ein strammer Nazi, dessen kunsttheoretisches Verständnis sich gegen das Bauhaus und gegen „entartete" Kunst überhaupt richtete.

William Edward Dodd wird von den Vorgängen in Weimar unterrichtet gewesen sein. Auf dem Rückweg von der Fürstengruft in die Stadt hätten Wolfe und Dodd hier vorbeigehen können.

Wir gehen nach einer kleinen Limonadenerfrischung aus der Cafeteria der Bauhaus-Universität zurück zur Amalienstraße. Auch hier inmitten des alltäglichen Straßenverkehrs zeichnen und werkeln Student*Innen in aller Ruhe und Konzentration. Die Straße geht ein klein wenig bergab auf den Wielandplatz zu. 1772 berief Anna Amalia Christoph Martin Wieland als Hauslehrer für ihre Söhne nach Weimar. Er ist als bedeutender Schriftsteller der Aufklärung zu würdigen. Ihm behagte die sichere bürgerliche Lebensweise inmitten seiner großen Familie. Diese Lebensweise erst ermöglichte ihm sein literarisches Schaffen, was durchaus als Widerspruch gewertet werden kann.

Der Wielandplatz wird von Hanns Gassers Wieland-Denkmal beherrscht, heute jedoch vor allem auch von Autos. Witzbolde legten Wieland eine leere Bierflasche in die rechte Hand. Er wäre wahrscheinlich nie auf den Gedanken gekommen, in aller Öffentlichkeit aus einer Flasche Bier zu trinken. Er nannte Christiane Vulpius »Magd«[96] und wird sie auch so behandelt haben. Christiane entsprach so gar nicht seinen Vorstellungen einer Guten Ehefrau, Hausfrau und Mutter von Stand. Seiner Frau Anna Dorothea geborene von Hillenbrand wurde allerdings nachgesagt, genau dieses Ideal zu leben, indem sie ganz und gar den Konventionen entsprach. Sie war von Stand, sie soll ausgesprochen hässlich gewesen sein, sie gebar ihrem Mann vierzehn Kinder, kümmerte sich um den Haushalt, bewegte sich in den oberen Damenkreisen des Fürstentums, beschäftigte sich mit Handarbeiten, Konversation und Kunst in dem Maß, dass sie eine liebenswürdige Gesprächspartnerin, aber auch nicht mehr, für Wieland wurde. So verschaffte sie ihm eine Umgebung, die seine künstlerische Entfaltung in bester

Weise förderte.

Vom Wielandplatz ist es nur noch ein Katzensprung bis zum Frauenplan. Wir spazieren durch die Frauentorstraße weiter zum Markt und über die Kaufstraße zum Herderplatz.

Stadtkirche

Hier findet sich die Stadtkirche Sankt Peter und Paul, wo Johann Gottfried Herder als Herzoglich-Sächsischer Generalsuperintendent, Oberkonsistorialrat, Oberhofprediger und städtischer Oberpfarrer wirkte.

An der Südseite steht das Herder-Denkmal in der Sonne. Herder betrachtet kritisch von einem sehr, sehr hohen moralischen Standpunkt aus das touristische Treiben vor seiner Kirche, das ihm bestimmt nicht gefallen hätte. Der hohe moralische Anspruch machte seine Arbeit bei Hofe nicht leichter. Carl August schenkte seiner Mätresse Caroline Jagemann das in unmittelbarer Nähe zur Herder-Kirche befindliche Deutschritterhaus. Sie gebar dem Großherzog drei Kinder. Kam die Zeit der Wehen, wurden die umliegenden Straßen mit Stroh ausgestreut, damit der Lärm der Kutschräder der Kreissenden keine Pein mehr bereiten konnte. In jüngeren Jahren hatte Herder den Domherren von Trier und Worms auf einer Reise begleiten müssen. Der Domherr wurde von seiner Mätresse Sophie von Seckendorff begleitet. Frau Herder teilt ihrem Mann mit: »Es ist alles auf höchste gegen die Seckendorff aufgebracht.«[97] ... natürlich niemand gegen den frommen Domherren.

In gleicher Weise reagiert Caroline Herder, geborene Flachsland, auf die nicht standesgemäße und unkonventionelle Liebesverbindung von Goethe und Christiane. Sie behauptete, Christiane sei »eine allgemeine H. vorher gewesen.«[98]

Doch hatte die junge Caroline ihre eigenen Erfahrungen machen müssen. Ihre Schwester Ernestine diente fünf Jahre Ludwig IX von Hessen-Darmstadt als Mätresse. Nach ihrer Heirat wurde sie mit einer kleinen Pension versehen aus dem Haus gejagt. Geistig verwirrt fiel sie in die Pflegschaft Carolines, die ihre Schwester in einer

Irrenanstalt unterbringen musste, wo sie kurze Zeit später verstarb. Die moralisch schuldige war immer die Frau und der bedauernswerte immer der Mann. Eva die Verführerin, Adam der Verführte ... Da half nur eines, dem Mann auch als standesgemäße, den Konventionen entsprechende Ehefrau eine keusche Maria sein, die ihrem Gebieter selbstverständlich zur Zeugung einer großen Nachkommenschaft allzeit zur Verfügung stand, aber jenseits der Zeugung der leiblichen Genüsse vollständig entbehrte. Sie diente als Hausfrau und Mutter, sie gab sich geistig geistlichen Freuden hin, ganz bestimmt nicht dem profanen Leben wie das einfache ungebildete Volk, dem Christiane Vulpius entstammte.

Caroline Herder verdiente gutes Geld mit den Fehltritten des einfachen Volkes. Die Bußgelder für »anticipirten Beischlafs«[99] waren hoch und die Schande groß. Das von Caroline eingenommene Geld landete in der Haushaltskasse der Herders.

Abschied

Die Sonne scheint, Tourist*Innen haben sich über Weimar ergossen. Mit einem Pärchen dürfen wir uns einen Tisch vor dem Café des Deutschritterhauses teilen, die Herder-Kirche immer fest im Blick. Wir gönnen uns ein Bier und eine Bockwurst. Ein kleines Gespräch entwickelt sich über dies und das, was einem zu Weimar eben so einfällt. Der junge Mann meint: „In Amerika sucht man Natur. In Deutschland findet man Kultur." „Soso", geben wir zurück. Auf eine lange Diskussion haben wir nach dem langen Tag mit Thomas Wolfe keine Lust mehr. Wir zahlen, machen uns auf den Weg zu unserem Auto und fahren zurück ins Hotel am Schloss im nahen Apolda.

und schließlich nahmen wir schweren Herzens Abschied von dieser wunderschönen alten Stadt, in der wenigstens für mich so viel vom Geist des großen Deutschland zu spüren ist und von dem großen edlen Geist des Idealismus und der Freiheit und Ehrfurcht, den wir alle geliebt haben.[100]

Thomas Wolfe öffneten sich die Augen. Die Goethestätten ließen ihn den letzten lebendigen Rest der Aufklärung, des Humanismus, des Idealismus, der Freiheit, des Sturm und Drang und der Würde des Menschen erspüren. Dieser lebendige Geist war unter den Rosen des „Führers" fast erstickt worden. Lebendig und gelebt liebte der so sehr amerikanische Wolfe jenen deutschen Geist, der ihm das Leben im eigenen Bemühen um Menschlichkeit mit gelehrt hatte. Aber ist der Geist der Freiheit, Gleichheit, Brüderlichkeit, der Geist der Menschenrechte ein deutscher Geist? Für Goethe war dieser Geist auch ein ausgezeichnet amerikanischer, der in Weimar lebendig werden sollte: »Hier oder nirgend ist Amerika!«[101] Freilich wusste Goethe um den Ballast der Kultur, ein entscheidender Vorteil für die angeblich so kulturlose und oberflächliche amerikanische Seele:

»Amerika, du hast es besser | Als unser Kontinent, das alte, | Hast keine verfallene Schlösser | Und keine Basalte. | Dich stört nicht im Innern, | Zu lebendiger Zeit, | Unnützes Erinnern | Und vergeblicher Streit.«[102]

Auch von den bildungsbürgerlichen Kulturträgern schlechthin, den alles wissenden deutschen Professoren, hielt Goethe nichts. Gegen den Teufel mit einem großen Register gerichtet sagt die göttliche Dreifaltigkeit:

»Wiederhols nicht vor göttlichen Ohren! | Du sprichst wie die deutschen Professoren. | Wir wissen alles, mach es kurz! | Am Jüngsten Tag ists nur ein … .«[103]

Dann fuhren wir weiter durch eine unbeschreiblich liebliche, zauberhafte Landschaft, und heute übernachten wir hier auf der Wartburg, einem sagenumwobenen Berg, der Richard Wagner zu seinem «Tannhäuser» inspiriert hat. Morgen wollen wir durch die schönen Harzberge nach Berlin zurückfahren, und ich habe jetzt weder genügend Zeit noch Kraft, um Dir zu schildern, wie schön und herrlich und zauberhaft dieser Ausflug war.

Ich erzähle Dir das alles, weil wir beide oft von Deutschland gesprochen haben und auch vom deutschen Volk, das Dir nicht so sympathisch ist wie mir, und von dem, was hier in den letzten Jahren geschehen ist. Aber ich muß Dir sagen, daß ich nicht begreife, wie jemand, der so herkommt wie ich, dieses Land nicht lieben kann, seine edle gotische Schönheit und seinen poetischen Liebreiz, wie man die Deutschen nicht gern haben kann, dieses sauberste, freundlichste, warmherzigste und redlichste unter allen europäischen Völkern, die ich kenne. Ich schreibe Dir das, weil ich finde, daß man die Großzügigkeit haben muß, diese Tatsache voll anzuerkennen, aber auch, weil ich hier Dinge gehört und gespürt habe, die Du und ich niemals mitmachen oder vertreten können und die, wenn sie wirklich stimmen - und sowohl meine Intuition als auch mein Vertrauen und mein Glaube an diejenigen, mit denen ich gesprochen habe, sagen mir, daß sie stimmen müssen - , schlechthin zu verdammen sind.

Ich wäre jetzt gern mit Dir zusammen, um Dir zu erzählen, was ich gesehen und gehört habe, all das wunderbar Schöne und Aufregende und auch die Dinge, die so schwer zu erklären sind, weil man sie als böse empfindet, aber in einem anderen Sinne, als wir es in den wortreichen Auslassungen einer feindlichen Presse und Propaganda lesen, denn dieses Böse ist zu merkwürdig unentwirrbar verknüpft mit einer Art wunderbarer Hoffnung, die Millionen Menschen beschwingt und begeistert - Menschen, die, wie gesagt, selber bestimmt nicht böse sind, sondern eines der kindlichsten, freundlichsten und aufgeschlossensten Völker der Erde. Ich werde Dir bestimmt davon erzählen.

Eines Tages möchte ich etwas darüber schreiben, aber wenn ich jetzt auch nur das aufschriebe, was ich innerhalb von zwei Wochen gehört und gespürt habe, würde ich vielleicht tiefstes Unglück und Leid über die Menschen bringen, die ich hier kenne und die mir so viel herzliche Gastfreundschaft erwiesen haben. Aber ich komme mehr und mehr zu der Ansicht, daß jeder von uns den Banden und der Beschmutzung von Schuld und Übel, die in der ganzen Welt herrschen, ausgeliefert ist, daß wir keinen anderen anklagen und verdammen können, ohne uns letzten Endes selbst anklagen zu müssen. Wir sind alle miteinander verdammt, wir sind alle gebrandmarkt, und in gewissem Maße sind wir für das, was hier geschehen ist, mitverantwortlich. Es kann auch nicht die kleinste Spur eines Zweifels darüber bestehen, daß diese Nation heute voll ist von Uniformen und vom Tritt marschierender Männer - ich habe es gestern in hundert Städten und Dörfern mit eigenen Augen gesehen, als wir dreihundert Kilometer weit durch dieses friedliche, lieblichste und anscheinend freundlichste aller Länder fuhren. Tausend Organisationen, unzählige Marschkolonnen von achtjährigen Kindern bis zu fünfzigjährigen Männern, und alle ganz offensichtlich erfüllt von Hoffnung und Begeisterung, von dem inbrünstigen Glauben an eine verhängnisvolle, zerstörerische Sache - und den ganzen Tag schien die Sonne, und die Wiesen so grün, die Wälder so lieblich, die Städtchen so sauber und die Gesichter und Stimmen der Menschen so freundlich wie nirgends sonst - was soll man also dazu sagen?

Ich empfinde einen ganz neuen Stolz auf Amerika, einen neuen Glauben und die Zuversicht, daß unsere große Zukunft noch vor uns liegt, seitdem ich in Berlin bin und einige der hiesigen Amerikaner, vor allem den Botschafter Dodd, kennengelernt habe. Dodd ist Historiker, stammt von einer Farm in meiner Heimat North Carolina und hat, bevor er hierherkam, sein Leben lang unterrichtet und Geschichtsforschung betrieben. Er ist wohl das, was man einen Jefferson-Demokraten nennt, und glaubt an die Gesellschaft freier Menschen und an die Idee der Demokratie, die man seiner Ansicht nach bisher nirgends auf der Erde mit ehrlichem Willen praktisch ausprobiert hat. Ich weiß nicht, ob er damit recht oder unrecht hat ..., aber sein Haus in Berlin ist eine furchtlose Freistatt für die Vertreter aller Meinungen, und wer sonst in ständiger Angst leben muß, kann dort ohne Furcht atmen und seine Meinung sagen. Dafür kann ich mich verbürgen, und ich weiß auch, daß der ungekünstelte, trockene, unverblümte Gleichmut, mit dem der Botschafter sich den ganzen Pomp und Glanz, die Auszeichnungen und Marschkolonnen mit ansieht, Deinem Herzen wohltun würde. (...)[104]

Emerson hat gesagt, wenn man eine Knallbüchse knallen hört, soll man nicht glauben, daß es etwas anderes wäre als der Knall einer Knallbüchse, auch wenn alle Herren und Könige der Erde behaupten, es wäre Kanonendonner gewesen – er hat es besser ausgedrückt, aber im wesentlichen stimmt es; ich habe diesen Ausspruch immer als sehr amerikanisch empfunden und mich darüber gefreut, daß ein Amerikaner ihn getan hat. Der hiesige Botschafter hätte, glaube ich, auch so etwas sagen können. (...)

Es war eine große Sache für mich, als wir heute in Weimar im Goethehaus waren und mir klar wurde, wie er gelebt und gearbeitet hat. Wenn ich vielleicht auch nie ein so großer Mann werde wie er, so schöpfe ich aus dem Leben eines großen Mannes immer neue Kraft und Hoffnung; es bestärkt mich in meinem Glauben und in meiner Verachtung für alles Kleinliche und Gemeine und für den niederen Ehrgeiz, den man heutzutage im Leben so vieler Menschen feststellen kann. (...)

Lebe wohl für heute, Max. Dieser Brief ist – wie sein Verfasser – zu lang geraten. Hoffentlich ermüdet der erstere Dich nicht so, wie der letztere es sicher getan hat... Es wird schön sein, Dich wiederzusehen...[105]

Thomas Wolfe

Nach dem Besuch in Weimar

Thomas Wolfe besuchte aus Anlass der Olympischen Spiele 1936 nach seiner Weimarstädtereise 1935 erneut und ein letztes Mal Deutschland. Wieder begab er sich in die Fürsorge des amerikanischen Botschafters Dodd. Seine Beobachtungen während der großen Inszenierung des nationalsozialistischen Deutschland durch den „Führer", dessen Propagandamaschine und mit freundlicher Unterstützung des willigen „Volkes" deckten sich mit den in Weimar gemachten Erfahrungen. In seinem Weimarbrief an Maxwell Perkins kündigte Wolfe an, über seine Erlebnisse während der zwei Wochen in Berlin – und in Weimar – schreiben zu wollen, es aber nicht zu können, weil er in der geistig-künstlerisch-politischen Gemengelage des damaligen Deutschland befürchtete »vielleicht tiefstes Unglück und Leid über die Menschen [zu] bringen, die ich hier kenne und die mir so viel herzliche Gastfreundschaft erwiesen haben.«[106] Angesichts des nationalistisch-rassistisch-völkischen Terrors, der jenseits der olympischen Inszenierung brutal und nackt sich Bahn gebrochen hatte, konnte er nicht mehr schweigen. In der großen Erzählung *Nun will ich dir was sagen* ... über seine Erfahrungen während der Berliner Olympischen Spiele, die in ihrer Substanz bereits die der Goethebegegnung in Weimar waren, bricht er mit den Mitteln des Schriftstellers in großartiger künstlerischer Ausführung sein Schweigen. Er hatte sich ein kindlich-naives Bild dieser Welt zurecht gelegt, das »einer altmodischen historischen Lithographie«[107] glich. Ein solches Bild war ihm »die kleine Landgemeinde in Süd-Pennsylvania, aus der sein Vater stammte«[108] – einer sehr „deutschen" Gegend Amerikas – und »in Städten wie Weimar und Eisenach und in der Frankfurter Altstadt«[109]. Es führt kein Weg zurück in die „guten alten Zeiten"! In der Auseinandersetzung mit den ambivalenten, widersprüchlichen, zutiefst menschlichen Erfahrungen der Vergangenheit können wir mit den Menschen der Vergangenheit in eine lebendige

Diskussion über unsere jeweilige Gegenwart und Zukunft jenseits der Zeiten treten.

Der zum Nationaldenkmal umbetonierte Goethe, der rosenertränkte Nationalheroe Schiller und der zum Ausstellungsstück erstarrte und verehrte nationale Genius des Übermenschen Nietzsche sind die als Kulturgut im Triumphzug der Geschichte vorangetragenen Standarten.

Thomas Wolfe neigte durchaus dazu, sich den Standarten anzuschließen, doch erkannte er unter der leicht führenden Hand des amerikanischen Botschafters William Edward Dodd, welchem Götzen er folgen würde, welches Goldene Kalb seine Anbetung erhielte. Lebendige Bewunderung, lebendige Anbetung, lebendiger Austausch, lebendige Diskussionen, lebendiges Leben haben ihren Ursprung immer in der Erfahrung des ganzen Menschen, der gut und böse, klug und dumm zugleich ist, zutiefst widersprüchlich und gespalten. Wolfe erkannte, dass es nicht um die Verwirklichung eines Ideals geht, wie hoch, hehr, schön, gut und erstrebenswert es auch sei, sondern um die lebendige, menschliche, von Konventionen und Trieben gelenkte Verantwortung im Jetzt und Heute, die sich immer als Handlung oder Unterlassung realisiert.

Es geht nicht um ein Ins-Wirkliche-setzen eines großen Ideals oder um die Durchsetzung eines großartigen Programms, es geht um jeden lebendigen Menschen selbst. Und weil Goethe, Schiller, Nietzsche und Thomas Wolfe lebendige Menschen mit allen menschlichen Eigenschaften waren, lohnt es sich auch und vor allem heute, mit ihnen in einen lebendigen Austausch zu treten.

Der der Demokratisch-Republikanischen Partei angehört habende Thomas Jefferson (1743-1826) – Wolfe bezeichnete William Dodd als Jefferson-Demokraten – sympathisierte mit der Französischen Revolution und ihrer Parole „Freiheit, Gleichheit, Brüderlichkeit", half mit beim Entwurf der Erklärung der Menschen- und Bürgerrechte, schrieb der Welt in die Unabhängigkeitserklärung der Vereinigten Staaten von Amerika ein:

»Wir halten diese Wahrheiten für ausgemacht, daß alle Menschen gleich erschaffen worden, daß sie von ihrem Schöpfer mit gewissen unveräußerlichen Rechten begabt worden, worunter sind Leben, Freyheit und das Bestreben nach Glückseligkeit. Daß zur Versicherung dieser Rechte Regierungen unter den Menschen eingeführt worden sind, welche ihre gerechte Gewalt von der Einwilligung der Regierten herleiten; daß sobald eine Regierungsform diesen Endzwecken verderblich wird, es das Recht des Volks ist, sie zu verändern oder abzuschaffen, und eine neue Regierung einzusetzen, die auf solche Grundsätze gegründet, und deren Macht und Gewalt solchergestalt gebildet wird, als ihnen zur Erhaltung ihrer Sicherheit und Glückseligkeit am schicklichsten zu seyn dünket.«[110]

Wolfe erkannte in seiner sehr amerikanischen Art, wie Goethe zur Marmorbüste gemeißelt worden war – Tom, der Sohn eines Steinmetzes! –, ganz wie die vielen Amtsträger sich haben demütigen lassen, nur noch die Kleiderständer für ihre Amtstracht zu sein. Indem viele sich in das „Volksganze" aufsaugen ließen, verkamen die Volkstrachten zu völkischen Uniformen.

Mit seinem auf der Wartburg in Eisenach aus Weimar geschriebenen Brief – diese zwei so deutschen Orte – mahnte Thomas Wolfe eindrücklich und zutiefst menschlich vor den gegen unsere Menschlichkeit andrängenden Gefahren.

So wie Goethes ist Thomas Wolfes Werk ein ständiger Diskussionsbeitrag im alltäglichen Ringen um unsere Menschlichkeit. Darum ist die wohlwollend gesprächige Lektüre von Thomas Wolfes großartigen Erzählungen eine persönliche Wohltat, die die unterschiedlichsten menschlichen Perspektiven aufzeigt, gerade darin sich die universelle Gültigkeit ihrer Gedanken ausdrückt. Letztlich geht es ihm um das dialektische Verhältnis von Fremdbestimmung und Selbstverantwortung im Leben eines jeden Menschen. Volk, Staat, Wissenschaft, Kunst, „die Menschheit" sind nicht um ihrer selbst willen zu schätzen, sondern als Mittel, damit der einzelne individuelle Mensch in Bezug auf das Ganze, unser gemeinsames Universum, sein schlichtes Alltagsleben leben kann. Die Beschäftigung mit Goethe und die Reise nach Weimar haben Thomas Wolfe in dieser Erkenntnis bestärkt. Sie sollte uns Mahnung für ein zivilisiertes Miteinander sein!

Thomas Wolfe verstarb siebenunddreißigjährig am 15. September 1938 in Baltimore, Maryland an den Folgen einer Gehirntuberkulose.

Zitateverzeichnis

[1] Wolfe, Thomas (1995) S. 11
[2] Novell, Elizabeth (2017) S. 32
[3] A.a.O. S. 36 f.
[4] Microsoft® Translator
Goethe, Johann Wolfgang (1977a) S. 314
[5] Wolfe, Thomas (1961) S. 358
[6] A.a.O. S. 365
[7] Dodd, Martha (2005) S. 32
[8] A.a.O. S. 35
[9] Ebd.
[10] A.a.O. S. 157
[11] A.a.O. S. 171
[12] A.a.O. S. 107
[13] Ledig-Rowohlt, Heinrich Maria (Hrsg.) (1983) S. 16
[14] Wolfe, Thomas (1961) S. 132
[15] A.a.O. S. 133
[16] A.a.O. S. 135
[17] A.a.O. S. 136
[18] Wolfe, Thomas (2012) S. 44
[19] Wolfe, Thomas (1961) S. 137
[20] A.a.O. S. 138
[21] Wolfe, Thomas (2012) S. 10 f.
[22] A.a.O. S. 19
[23] A.a.O. S. 383 f.
[24] übernommen von einer Fotokopie, wahrscheinlich aus der amerikanischen Originalausgabe von Wolfe, Thomas (1961). Die Seitenangabe auf der Kopie ist „MAY 1935 / 159"
[25] Wolfe, Thomas (1961) S. 384
[26] https://de.wikipedia.org/wiki/Hotel_Elephant (am 12.11.2019)
[27] Wolfe, Thomas (1961) S. 384
[28] Ebd.
[29] Ebd.
[30] Goethe, Johann Wolfgang (1977a) S. 70
[31] A.a.O.
[32] Zitiert in: Güse, Ernst-Gerhard; Oppel, Margarete (Hrsg.) (2008) S. 110

[33] Wolfe, Thomas (1961) S. 384
[34] Ebd.
[35] Dodd, Martha (2005) S. 108
[36] Damm, Sigrid (2017) S. 9
[37] Ebd.
[38] Ebd.
[39] Bickelhaupt, Thomas (2015)
https://www.fnp.de/kultur/schatten-goethes-10894087.html (am 12.11.2019)
[40] Damm, Sigrid (2017) S. 9
[41] Musil, Robert (1978) S. 881
[42] A.a.O. S. 886
[43] Holler, Wolfgang; Knebel, Kristin (Hrsg.) (2018) S. 37
[44] Wurm, Helmut (2019) S. 69
http://www.goethe-weimar-wetzlar.de/index-Dateien/Page594.htm
http://www.goethe-weimar-wetzlar.de/index-Dateien/Goe-
the%20und%20Christiane%20Vulpius.pdf (am 12.11.2019)
[45] Mann, Thomas (2016) S. 138
[46] A.a.O. S. 137
[47] Ebd.
[48] Ebd.
[49] Wenzel, Manfred (Hrsg.) (2012) S. 341
https://books.google.de/books?id=2bLPDAAAQBAJ&printsec=frontco-
ver&hl=de&source=gbs_ge_summary_r&cad=0#v=onepage&q&f=false (am
26.09.2019)
[50] A.a.O. S. 79
[51] Brenner, Andrea (2018)
http://www.binary-nature.de/brutblatt/allgemeines.html (am 12.11.2019)
[52] https://de.wikisource.org/wiki/Gefunden (am 12.11.2019)
[53] Bibel (1974) S. 313
[54] Holler, Wolfgang; Knebel, Kristin (Hrsg.) (2018) S. 93
[55] Schiller, Friedrich (1976a) S. 481 f.
[56] Crüwell, Konstanze (2005)
https://www.faz.net/aktuell/rhein-main/kultur/ausstellung-besuch-aus-kassel-
die-victoria-von-fossombrone-beim-blickwechsel-1210082.html (am
12.11.2019)
[57] Goethe, Johann Wolfgang (1977b) S. 393
[58] Wolfe, Thomas (1961) S. 343
[59] Rossi, Paolo (1997) S. 265

https://books.google.de/books?id=wgj44UPTROQC&pg=PA3&dq=leib-niz+%22natur-geographie%22&hl=de&source=gbs_selected_pa-ges&cad=2#v=onepage&q=leibniz%20%22natur-geographie%22&f=false (am 12.11.2019)

[60] Goethe, Johann Wolfgang (1977d) S. 418

[61] A.a.o. S. 425

[62] A.a.o. S. 420 f.

[63] A.a.O. S. 422

[64] A.a.O. S. 381

[65] Rückert, Friedrich (1843) S. 371
https://books.google.de/books?id=hYpaAAAAcAAJ&pg=PA371&lpg=PA371&dq=fried-rich+r%C3%BCckert+und+da+stand+er+jung+im+streite&source=bl&ots=Ee15X gRPIH&sig=ACfU3U2wPk7Pb-MaO-I30ENt84bbsz0yutQ&hl=de&sa=X&ved=2a-hUKEwiAo6_QpMPlAhVuRRUIHQQ7A3EQ6AEwBXoECAkQAQ#v=one-page&q=fried-rich%20r%C3%BCckert%20und%20da%20stand%20er%20jung%20im%20streit e&f=false (am 30.10.2019)

[66] Will, Harald (2019) persönliche Mitteilung

[67] Ulusoy, Dogan Michael (2012): https://www.ksta.de/vor-dem-tod-beruehmte-und-ihre-letzten-worte-10732312 (am 13.11.2019)

[68] Ebd.

[69] Oberwittler, Jörg (2007): https://www.spiegel.de/kultur/litera-tur/beruehmte-abschiedsworte-so-stirbt-man-also-a-475300.html (am 13.11.2019)

[70] Friedell, Egon (o.J.) S. 166

[71] Kahl, Paul (2015) S. 50

[72] A.a.O. S. 51

[73] Ebd.

[74] A.a.O. S. 141

[75] Ebd.

[76] Benjamin, Walter (1978) S. 696

[77] Ebd.

[78] Ebd.

[79] Wolfe, Thomas (1961) S. 388

[80] Dodd, Martha (2005) S. 108

[81] Wolfe, Thomas (1961) S. 384

[82] Dodd, Martha (2005) S. 107

[83] Gußmann, Oliver; Stegemann, Wolf (Hrsg.) (2014)

http://www.rothenburg-unterm-hakenkreuz.de/wie-die-ns-kulturpropaganda-deutsche-dichter-der-klassik-fuer-ihre-ideologie-vereinnahmte-und-dafuer-handlanger-in-literatur-und-wissenschaft-fand-ii-schiller/ (am 01.11.2019)

[84] Schiller, Friedrich (1976b) S. 569
Bittner, Michael (2017) https://michaelbittner.info/2017/01/25/mein-kampf-mit-mein-kampf-22-der-starke-ist-am-maechtigsten-allein/ (am 13.11.2019)

[85] Vogeler, Heinrich (2018) S. 254

[86] Wolfe, Thomas (1961) S. 173 f.

[87] Wolfe, Thomas (2014) S. 828

[88] Hemingway, Ernest (1961) S. 33

[89] https://www.klassik-stiftung.de/nietzsche-archiv/ (am 13.11.2019)

[90] Spengler, Oswald (1995) S. 143

[91] A.a.O. S. 43

[92] Wolfe; Thomas (1961) S. 384

[93] Dodd, Martha (2005) S. 108

[94] Goethe, Johann Wolfgang (1977a) S. 210

[95] Borcholte, Andreas (2008) https://www.spiegel.de/kultur/literatur/geschich-ten-aus-der-gruft-raetsel-um-schillers-schaedel-double-a-551305-druck.html (am 29.12.2019)

[96] Damm, Sigrid (2017) S. 190

[97] A.a.O. S. 120

[98] Ebd.

[99] A.a.O. S. 129

[100] Wolfe, Thomas (1961) S. 384

[101] Goethe, Johann Wolfgang (1977c) S. 487

[102] Goethe, Johann Wolfgang (1977a) S. 224

[103] A.a.O. S. 225

[104] Wolfe , Thomas (1961) S. 384 ff.

[105] A.a.O. S. 385 f.

[106] A.a.O. S. 385

[107] Wolfe, Thomas (o.J.) S. 19

[108] Ebd.

[109] Ebd.

[110] https://de.wikipedia.org/wiki/Unabh%C3%A4ngigkeits-erkl%C3%A4rung_der_Vereinigten_Staaten#Pr%C3%A4ambel (am 13.11.2019)

Verwendete Literatur

Benjamin, Walter (1978) Über den Begriff der Geschichte. In: Gesammelte Schriften, Band I·2, Abhandlungen. Suhrkamp Verlag, Frankfurt am Main

Bibel (1974) Die ganze heilige Schrift. Das Buch der Bücher. Paul Pattloch Verlag, Aschaffenburg

Borcholte, Andreas (2008) Geschichten aus der Gruft. Rätsel um Schillers-Schädel Double. SPIEGEL ONLINE, Hamburg

Broszat, Martin (1978) Der Staat Hitlers. Deutscher Taschenbuch Verlag, München

Calvocoressi, Peter (2002) Who's who in der Bibel. Deutscher Taschenbuch Verlag, München

Coenen, Dorothea (1981) Herder Lexikon. Griechische und römische Mythologie. Herder Verlag, Freiburg im Breisgau

Damm, Sigrid (2017) Christiane und Goethe. Eine Recherche. Insel Verlag, Berlin

Decker, Kerstin (2016) Die Schwester. Das Leben der Elisabeth Förster-Nietzsche. Berlin Verlag, Berlin

Dodd, Martha (2005) Nice to meet you, Mr. Hitler. Meine Jahre in Deutschland 1933 bis 1937. Eichborn Verlag, Frankfurt am Main

Friedell, Egon (o.J.) Wozu das Theater? Essays – Satiren – Humoreseken. Verlag tredition, Hamburg

Goethe, Johann Wolfgang (1977a) Insel Goethe Werkausgabe. Band 1. Gedichte Versepen. Ausgewählt von Walter Höller. Insel Verlag, Frankfurt am Main

Goethe, Johann Wolfgang (1977b) Insel Goethe Werkausgabe. Band 2. Dramen Novellen. Insel Verlag, Frankfurt am Main

Goethe, Johann Wolfgang (1977c) Insel Goethe Werkausgabe. Band 4. Die Leiden des jungen Werther, Wilhelm Meisters Lehrjahre. Insel Verlag, Frankfurt am Main

Goethe, Johann Wolfgang (1977d) Insel Goethe Werkausgabe. Band 6. Vermischte Schriften. Ausgewählt von Emil Staiger. Insel Verlag, Frankfurt am Main

Güse, Ernst-Gerhard; Maatsch, Jonas (Hrsg.) (2017) Schillers Wohnhaus. Klassik Stiftung Weimar, Weimar

Güse, Ernst-Gerhard; Oppel, Margarete (Hrsg.) (2008) Goethes Gartenhaus. Klassik Stiftung Weimar, Weimar

Hemingway, Ernest (1961) Fiesta. Rowohlt Verlag, Reinbek bei Hamburg

Hesiod (2016) Theogonie. Übersetzt und erläutert von Raoul Schrott. Fischer Verlag, Frankfurt am Main

Holler, Wolfgang; Knebel, Kristin (Hrsg.) (2018) Goethes Wohnhaus. Klassik Stiftung Weimar, Weimar

Joyce, James (o.J.) Ulysses. Bertelsmann Club, Gütersloh

Kahl, Paul (2015) Die Erfindung des Dichterhauses. Das Goethe-Nationalmuseum in Weimar. Wallstein Verlag, Göttingen

Ledig-Rowohlt, Heinrich Maria (Hrsg.) (1983) Große Erzähler des 20. Jahrhunderts. Rowohlt Verlag, Reinbek bei Hamburg

Mann, Thomas (2016) Lotte in Weimar. Fischer Verlag, Frankfurt am Main

Muller, Herbert Joseph (1962) Thomas Wolfe. Rowohlt Verlag, Reinbek bei Hamburg

Musil, Robert (1978) Der Mann ohne Eigenschaften. Gesammelte Werke 3. Rowohlt Verlag, Reinbek bei Hamburg

Novell, Elizabeth (2017) Getting Tom Right. Dates in Wolfe's Life. The Thomas Wolfe Society, gedruckt in Bloomington Indiana USA

Rosenkranz, Jutta (2016) Mascha Kaléko. dtv Verlagsgesellschaft, München

Rossi, Paolo (1997) Die Geburt der modernen Wissenschaft in Europa. C.H. Beck Verlag, München

Rückert, Friedrich (1843): Gesammelte Gedichte. Verlag Johann David Sauerländer, Frankfurt am Main

Preisendörfer, Bruno (2019) Als Deutschland noch nicht Deutschland war. Reise in die Goethezeit. Verlag Kiepenheuer & Witsch, Köln

Raabe, Paul (2018) Spaziergänge durch Goethes Weimar. Wallstein Verlag, Göttingen

Schiller, Friedrich (1976a) Werke in drei Bänden. Band II. Carl Hanser Verlag, München

Schiller, Friedrich (1976b) Werke in drei Bänden. Band III. Carl Hanser Verlag, München

Shaw, Bernard (1926) Mensch und Übermensch. Eine Komödie und eine Philosophie. S. Fischer Verlag, Berlin

Spengler, Oswald (1995) Der Untergang des Abendlandes. Umrisse einer Morphologie der Weltgeschichte. Deutscher Taschenbuch Verlag, München

Staatliche Kunstsammlung Dresden; Scheppe, Wolfgang (Hrsg.) (2016) Die Vermessung des Unmenschen. Zur Ästhetik des Rassismus. Kunsthalle im Lipsiusbau, Dresden

Vogeler, Heinrich (2018) Werden. Verlag Atelier im Bauernhaus, Fischerhude

Wenzel, Manfred (Hrsg.) (2012) Goethe-Handbuch Supplemente: Band 2: Naturwissenschaften. Verlag J.B. Metzler, Stuttgart, Weimar

Wolfe, Thomas (1961) Briefe. Rowohlt Verlag, Reinbek bei Hamburg

Wolfe, Thomas (1981) Schau heimwärts, Engel! Verlag Volk und Welt, Berlin

Wolfe, Thomas (1995) Es führt kein Weg zurück. Rowohlt Verlag, Reinbek bei Hamburg

Wolfe, Thomas (2014) Von Zeit und Fluss. Manesse Verlag, Zürich

Wolfe, Thomas (2012) Oktoberfest. Manesse Verlag, Zürich

Wolfe, Thomas (o.J.) Geweb und Fels. Europäischer Buchclub; Stuttgart, Zürich, Salzburg